中国式管理情境

袖珍版

曾仕强 ◎ 著

北京联合出版公司
Beijing United Publishing Co.,Ltd.

图书在版编目（CIP）数据

中国式管理情境：袖珍版 / 曾仕强著 . —北京：北京联合出版公司，2021.5（2023.12重印）
ISBN 978-7-5596-4997-3

Ⅰ.①中… Ⅱ.①曾… Ⅲ.①管理学－研究－中国 Ⅳ.①C93

中国版本图书馆 CIP 数据核字（2021）第 030357 号

中国式管理情境：袖珍版

作　　者：曾仕强
出 品 人：赵红仕
选题策划：北京时代光华图书有限公司
责任编辑：徐　樟
特约编辑：刘冬爽
封面设计：新艺书文化

北京联合出版公司出版
（北京市西城区德外大街83号楼9层　100088）
北京时代光华图书有限公司发行
涿州市京南印刷厂印刷　　　新华书店经销
字数143千字　　880毫米×1230毫米　1/64　5.25印张
2021年5月第1版　2023年12月第2次印刷
ISBN 978-7-5596-4997-3
定价：58.00元

版权所有，侵权必究
未经书面许可，不得以任何方式转载、复制、翻印本书部分或全部内容。
本书若有质量问题，请与本社图书销售中心联系调换。电话：010-82894445

目录

第一章　工作的原则

导　言　　　　　　　　003

流汗不流血　　　　　　005

做事不坐牢　　　　　　014

卖力不卖命　　　　　　025

争气不争功　　　　　　034

第二章　沟通的现象

导　言　　　　　　　　047

先说往往先死　　　　　050

不说也是会死　　　　　058

	最好说到不死	068
	行动胜过语言	078

第三章　沟通的真谛

	导　言	093
	三大特色	096
	上下界限	107
	要用看的	118
	不说好话	128

第四章　人我的分寸

	导　言	141
	弄清楚对方是谁	144
	小心才不会上当	154
	凡事求自己合理	163
	当心"程咬金"系统	174

第五章　是非的判断

	导　言	189
	是非很难分辨	192
	怎么说都有理	201

	让制度背黑锅	210
	圆满中分是非	221

第六章　会商的技巧

	导　言	233
	会而不议	236
	议而不决	246
	决而不行	257
	由情入理	267

第七章　合理的兼顾

	导　言	281
	好不好都犯忌	284
	听不听都可以	294
	招不招都不行	304
	罚不罚都有理	313

结语　中国人的包装哲学　　　325

第一章
工作的原则

中国人的工作原则,不外乎"流汗不流血""做事不坐牢""卖力不卖命"以及"争气不争功"。

运用合理的方式,和谐地争取权益,是明智的举动。

合乎规矩的,全力去做,不合乎规矩的,不听也不做。

卖力不卖力,由他人裁决。卖命不卖命,由自己决定。

人必须争气,争一口气,才能扬眉吐气。人不必争功,只为争来争去,到头来不过是一场空。

导　言

中国人的工作原则,分析起来,不外乎"流汗不流血""做事不坐牢""卖力不卖命"以及"争气不争功"。

"流汗不流血"——流汗是应该的,对健康有助益,何乐而不为?流血大可不必,因为那毕竟不是好事情。运用合理的方式,和谐地争取权益,是明智的举动。盲目地抗争,到了流血的地步,乃是万不得已的选择,能免即免。

现代化工作,流汗的机会大幅度减少。在工作之余,适当地运动,以求身心的正常发展。情绪合理平稳,工作顺利进行,也是避免流血的有效方式。

"做事不坐牢"——"守法"俗称"守规矩",

乃是中国人的基本原则。中国人"守规矩而不死守规矩",亦即在规矩的范围之内,权宜应变。可以"随机应变",绝对不要"投机取巧"。事情是要做的,牢狱是不能坐的,这才是中国人的不二原则。

中国人不喜欢完全听话的人,因此"合理的听话",成为"做事不坐牢"的最大保障。上司的命令,合理则听之,不合理就不听。换句话说,合乎规矩的,全力去做;不合乎规矩的,不听也不做。

不坐牢的原则,是保护自己不违法的法宝。但是,不能因为不坐牢便不做事。应当做的,要尽力而为;可能坐牢的,绝对不为。

"卖力不卖命"——中国人喜欢劝人卖力的道理,听起来、做起来都相当心安理得。大多数中国人很难接受卖命的论调,劝人卖命的,要求大家拼命的,最好自我节制,因为说得愈多,自己所积的罪孽愈重。

中国人一方面尽心尽力,一方面又用心保命。俗云"留得青山在,不怕没柴烧",实在不无道理。

卖力不卖力,由他人裁决。不卖力得不到他人的认可,很难成功。卖命不卖命,由自己决定。劝人卖力,是做好事;劝人卖命,那就不是什么好事了。

"争气不争功"——中国人深明"好事不出门,坏事传千里"的道理,知道"功劳很快就会一笔勾销,而过失则常常被牢牢记住"。这种"功没、过存"的情况,使一部分中国人相信了"不求有功,但求无过"的哲学,因而"争气不争功"。争气是减少过失,不争功则是不希望获得功劳。

人必须争气,争一口气,才能扬眉吐气。人不必争功,只为争来争去,到头来不过是一场空,何苦来哉!

争气,是大家经常用来互相激励的好话。争功,则是迟早找自己麻烦的事情,少做为妙。

流汗不流血

个案:

> 农历正月初五的清晨六时,王董事长虔诚地率

领工厂高级干部,先拜天公,再拜安置在厂内的神祇,祈求开工大吉,员工平安。

第二天,有一个作业员在工厂里摔了一跤。旁边的人,不但不去搀扶他,反而幸灾乐祸地哈哈大笑,一时之间,"倒霉""活该""不小心"此起彼伏。

再过两天,又有一个同事在原地摔倒。他手里抱着一堆物料,失手飞散,有一个迎面而来的领班,不幸被打得眼角出血,送医诊治。

请问:

1. 王董事长为什么要祈求开工大吉?
2. 作业员在工厂摔了一跤,为什么旁边的同事不去扶他,反而幸灾乐祸地哈哈大笑?
3. 怎样才能确保"流汗不流血"?
4. 为什么工厂的工伤事故频率十分重要?
5. 职场中流血的原因,主要有哪些?

分析:

1. 个案中这一类打断正常工作的现象,都称为事故。事故可以分成伤害事故及非伤害事故两大类。伤害事故又可以细分为被撞击、坠落、跌倒、卷入、呼吸中毒、扭伤、碰伤、触电、灼伤、烫伤，都是可能引起流血或致命的意外。

中国人十分清楚"天有不测风云，人有旦夕祸福"的道理，深知一切都是"不一定"的，亦即多少带有一些"风险性"。

王董事长选好良辰吉时，以虔诚的祭拜来祈求开工大吉，便是为了满足员工"求安"心理的需要。

2.作业员在工厂摔了一跤，旁边的同事为什么笑他？其实，同事笑他倒霉，骂他活该，基本上都和人情味或良心扯不上关系。真正的用意，则是"不小心"这一句话所透露出来的信息。

有人摔跤，为什么最直接的反应是"为什么不小心"？因为大多数中国人认为一个人只要处处小心，时时谨慎，就不会发生事故。

这种精神，叫作"反求诸己"，乃是自己负责的修己精神。

家中小孩与同伴打架，伤痕累累。家长先为

他疗伤止痛，平静下来，照样会嘲笑他："既然打不过人家，就不要打，弄得自己伤痕累累，好看吗？"

这便是告诫他，要求别人不打自己，比较难。看看自己打不过人家，就想办法不打，总归比较容易。

向外求取原因，目的在改善不安全的环境和不完全的动作。向内寻找原因，目的在修治自己的粗心大意与心浮气躁。

3. 现代中国人，最好内外兼顾，双管齐下，才能确保"流汗不流血"。

"流汗"的现代含义，并不是真的流出汗来。越来越普遍的空调系统，使得我们用不着真正流汗，就可以把事情做得很多而且做得很好。

"流汗"已经变成"努力工作"的代名词，大家努力工作，似乎到达汗流浃背的地步。

"流血"比较可怕，表示工作到伤害了身体。不论是24小时以内就可以恢复工作的轻伤事故，还是24小时之内无法恢复工作的伤害事故，都不是我们愿意身受或看到的。

我们希望"流汗不流血",一方面要"反求诸己",力求每一个人自己小心;一方面也要"外求原因",切实追查事故发生的原因,以防止再度产生。

例如第二天的摔跤事故,如果查明原因,乃是由于地面有油,就应该进一步分析:地面上有油,造成不安全的环境;同事洒油在地面上却未能及时擦拭干净,则是不安全的动作。

于是把地面擦净,并且列入记录,希望以后"取用油后,如果发现地面有油渍,必须马上擦拭干净"。

这样,第四天的流血事故,就可以预先防止,不会相继而来了。

4.考察安全的人,走进工厂,往往第一句话便问:"贵厂的工伤事故频率是多少?"如果工厂的主管根本答不出来或者含糊其辞,说不出具体的数字,就可以断定这位主管不是不注意工厂安全,就是对安全不感兴趣。

工伤事故频率表示工厂一定时间内发生事故的次数。

例如某工厂现有工人300人,每日每人工作8小时,某月份共计工作28天,发生伤害事故3起,那么,这一个月的工伤事故频率就是44.64‰,相当地高。

工厂的工伤事故频率能够逐年逐月降低,便已证明工厂安全确实获得了改善。因为事故不会自己减少,必须经由人的分析与改正。频率降低,就是改善的结果。

5. 流血的原因,如果是环境的,包括工作场地、机器设备以及物料的危险性、工作环境的整洁,通常比较容易加以改善。

现在我们增加了一种可能流血的新原因,那就是"工厂暴力"或"街头暴力"。

"工厂暴力"是厂内若干不满分子,以较为激烈的行为,来抗议某些不公平措施或争取某些好像是应得的权益。

他们知道少数人的行动,引不起厂方的重视,于是威胁、利诱、鼓励同事积极参与。

凡是这种提议，总有"赞成的"和"反对的"两种态度，而赞成分子通常都比较激烈，甚至在劝诱无效的时候，会动口兼动手，半君子半小人地软硬兼施，因而导致流汗又流血的火爆场面。

◦ 说明 ◦

我们丝毫不反对"有话要说，有权益要争取，有委屈要谋求改善"。

但是基于"流汗不流血"的原则，任何暴力行为，可能引起流血的行动，都不是大家所乐意接受的。

我们一方面要求环境保护，一方面重视工厂安全，却有意无意地把自己卷入流血的抗争，是不是明智的举动呢？

有意见当然可以反映出来，但所采取的方式和态度必须合乎理性。所谓"有理走遍天下"，理直可以气壮，但绝对不是壮到动武的地步。

同等标准的年终奖金，有的同事认为差强人意，也有的同事认为根本不合理。

于是认定不合理的同事，势必极力煽动那些认为差强人意而不讲话的同人,希望大家一起来要求工厂加发奖金。有些人勉强同意加入,有些人则坚决反对。

勉强同意的人,会增强争取的意愿,逐渐由平淡而剧烈。原本是邻居或好朋友的同事,如今开始有了"不两立"的意识,一争起来,很容易闹意气,形成"不是你死,便是我亡"的紧张气氛。

同时在方式上,也逐渐不择手段,这时候只要有一点激烈的诱因,就容易演变成为流血的惨境。

如果年终奖金获得合理的解决,同人之间的意见纠纷似乎应该随之消失。然而,事实上则全然不是这样,余波荡漾,仍旧久久难以消除彼此之间的不愉快。

中国人喜欢说"时过境迁",过去就过去了,何必再提。

不过我们也常说"前事不忘,后事之师",让我们记取教训,以免重蹈覆辙。

要中国人忘掉别人的旧事很容易,忘掉自己的往事则相当困难。

争取有功的人,沾沾自喜,俨然新的权贵。表面上逐渐归于平息,心里头则始终存有隔阂,对于士气,不可能没有不良的影响。

奉劝喜欢"流汗又流血"的朋友,汗是可以流的,对健康有益;血是不必流的,大家应该循着合理的途径,求取圆满的沟通。

要则

1. 我们常把辛苦赚来的钱,称为"血汗钱"。唯有这种钱才守得住,也才值得赚。凡是容易进来的钱,大致都出去得很快。守不住的钱,常常害人也害己。

2. 血汗血汗,最好是流汗而不流血。有时候不小心,或者不得已而流血,应该极力加以避免,以维护自身的安全。

3. "流汗不流血",应该视为工作安全的守则。人人有此共识,工作场所保持安全第一,大家才安心。

做事不坐牢

个案:

某银行发生巨款冒领案,经理和承办人员都要去坐牢。承办人员很不服气,认为:"这种事情根本是我违背本意去做的,我并不想这样做,而是经理指使我去做的。我如果有罪,那也是罪在我的服从。"

大家不能够接受他的辩解,因为"你如果不做,难道经理会牵着你的手去做?"。

然后我们又高声朗诵:"服从为负责之本。"

请问:

1. 部属可以不服从吗?

2. 部属可以完全服从吗?

3. 主管若是命令部属做违法的事情,部属应该采取什么样的对策?

4. 现代化的部属,是不是应该一切说明白,据理力争,让上司也明白不违法的道理?

5. 请问什么叫作"服从为负责之本"?

分析:

1.部属可以不服从上司的指使吗?答案是:"很难讲!"

张三不服从上司的命令,把事情弄得乱七八糟。上司很生气,讥讽地说:"你自以为聪明,认为比我还要强,现在呢?强在哪里?如果照着我的话去做,会这么糟糕吗?"

张三心里依然不服气,"如果照着你的话去做,真的不会这么糟糕吗?"但是,事实摆在眼前,自己的成果实在不好,又有什么话说!

李四服从主管的指示,一丝不苟地去执行,结果并不好。主管很生气,骂他死脑筋:"为什么有问题不赶快提出来?只知道死干、蛮干,是不是存心想害我?"

李四当然十分不服气,心里抱怨:"你不是常常提醒我要服从?如今我听话去做,也要挨骂?"不过,结果不理想,申诉也没有用,再怎么说,也没有人听得进去。

从这个角度来看,中国人是"结果主义"者,一切依凭结果来判断,所谓"成者为王,败者为寇",正是此理。

王五不服从上司的命令,却把事情办得十分正确而有效。上司很不高兴,认为王五根本不尊重他,心中没有上司的存在,因此多方表示不满,指称:"如果按照我的话去做,结果必然更好。他的见解不够深入,能够做到这种地步,他就觉得满意,实在需要多多磨炼,才有可能更加成熟。"

朱七同样不服从上司的命令,也把事情办得有条有理。上司非常高兴,认为朱七懂得守经达权,适时调整,果然契合时宜。他一再赞扬:"朱七把握住我给他的原则,能够随机应变,用'不变'的原则来应对'万变'的现象,这种'以不变应万变'的办事精神,才是他成功的真正原因,值得大家多多学习。"

如果认为王五的运气差,碰到不明理的上司,朱七运气好,遇见明理的主管,那就是一种"不能明辨是非"的错觉。王五和朱七同样不服从命令，获得两种完全不同的评语，一般人会觉得这是评论人的主观不同，也就是两位上司的价值观不一样，或者说是性格上的差异，其实并非如此。

假使我们把王五和朱七对调一下，结果呢？王五的上司照样不满意王五不服从命令的行为，而朱七的主管依然赞扬朱七见机行事，有应变能力。

为什么呢？因为王五"不服从而让上司很明显察觉出他的不服从"，以致产生"你的心中根本没有我"的反感，当然不愿意肯定王五的办事效果，却耿耿于怀王五的目无上级。朱七"不服从而主管并不觉得他不服从"，只是看出"他为了求取良好的效果，尽心尽力地调整，希望能够圆满地达成我交给他的使命"，所以到处宣扬。

王五和朱七，在不服从的过程中，一定有其不同的措施，使得双方的上司有着不同的观感，因而带来不同的结局。

从这个角度来看，中国人又是"过程主义"者，过程的变化，乃是"不以胜败论英雄"的最有力证据。

2.完全服从,事实上就是盲从,即盲目顺从上司的命令,具有下述三大特性:

第一,不用心,一切唯命是从,自己不可能有长进。

第二,不负责任,只知道依上司的命令而行,让上司负责。上司没有指示,也会以请示的方式,把责任推给上司。

第三,存心讨好上司,以完全服从来博取上司的欢心,但在上司决策错误时,反而害了上司。

3.主管命令部属从事违法活动,部属为了确保"做事不坐牢",当然应该坚决拒绝。不过在拒绝的过程中,应该秉持一个原则,那就是:"不做,也不说。"

"不做"的原则比较容易了解,反正违法坐牢的事情不做,总是对的。

"不说"的原则比较难懂,为什么不能说呢?

第一,主管交给部属的工作,如果是违法的,可能有两种不同的情况:一种是有意的,主管明知违法,却故意指示部属去做;另一种是无心的,主管太忙,由于疏忽而未能察觉出违反法令,因而指使部属去做。

如果主管是有意的,部属一看违法,便说出来。这时由于并无实际行动,主管可以推说不知情,表面上赞美"部属机警",及时发现弊端,内心却痛恨"部属不识相",存心抓把柄,到处诉苦,把部属形容成一颗定时炸弹,弄得没有人敢用,对部属的前途,真是大有阻碍。

假如主管是无心的,那就更加糟糕。因为主管可以理直气壮地告诉大家,他实在太忙,并没有发现其中有违法的事情,部属一口咬定他交办违法的工作,不知是何居心?他一方面当面苛责部属,不要存心不良;一方面向上请求,把这种有意栽赃的部属调开,否则他坐卧难安,不知道什么事情就要被这种部属渲染得见不得人。

第二,部属一看事情是违法的,便说出来。万一法令已经有所变更,主管知道得早,自己知道得晚,主管的话就会很不好听:"放心,在我这里做事，不会违法。因为我最讨厌违法的人，你最好留心你自己，千万不要违法才好。"世界上"不知"的人很多，"不知"不等于"无知"，有时只是知道得迟了一些，成为某一时段的"不知"，部属得知较晚，因而冒犯上司，值得吗？

第三，不论主管有意或无心，部属一看违法，便说出来，就已经和主管形成对立的态势。主管就会有"原来你和我不是同一国"的感觉，以后做事势必困难重重。

部属不说也不做，主管当然会追查："那件事情办得怎么样？"

这时部属才说话："我正在找法令依据，一直没有找到。"主管如果把法令依据拿出来，部属放心，就应该马上去办。

主管如果拿不出法令依据，却交代"如果找不到依据，最好不要办"，部属便明白他是无心的，幸好自己没有到处张扬，否则错怪主管事小，自己令人害怕那才倒霉。

主管如果拿不出法令依据，偏又交代"不管有没有法令依据,赶快去办就是"。这时已经非常明显,主管有意把部属保送到牢狱去"进修",部属当然应该更加坚决不去办它。可是一说出来,主管便可能否认,反而指称部属有意栽赃。部属不说也不做,主管一把事情闹大,大家自然明白主管的司马昭之心,便更加同情部属的忍辱负重。

4. 有人说:"时代不同了,现在是'良禽择木而栖'的时代,部属可以选择主管。"

我们也承认,部属最大的权威,表现在"五指并拢,手心向下,向桌面一拍:'我不干了!'"。但是,偶尔为之可以,天天如此,请问吃什么?

"良禽择木而栖",先决条件是有木可择,而且自己有本事可以选择,还能够栖得住。若是根本没有选择的机会,并且遇到什么样的主管,都得扮演好部属的角色,恐怕只好按照上面所说的方式来应对比较妥当。

一切说明白之前,最好想一想自己的判断力够不够。若是基本认识都不见得正确,如何说得明白?

5. 服从为负责之本,表示部属的基本信条应该是把责任担负起来,达成预期的工作目标,完成合乎要求的工作成果。服从到什么程度?必须以这个根本要求来衡量决定:不能够盲目顺从,也不应该存心不服从。

· 说明 ·

人不可以不重结局,因为"盖棺论定",结局可以给人一个总成绩。中国人最害怕"晚节不保",便是最后的结局往往淹没了以往的表现。

但是,人不可以仅仅重视结局,一切喜怒哀乐,无不来自过程。真正的人生,实在是起起伏伏的变化所带来的感受。

中国人最了解人生,所以"过程与结果"同等重视。承办人员违法坐牢,结局令人悲伤。但是他不服从经理的指使,过程可能顺利吗?这才值得我们好好来研究一番。

承办人员向经理报告:"这件领款案不符合银行的规定,我不敢做。"

经理会说:"你怕什么?一切有我负责,不用怕!"

承办人员说:"这种违法的事,我不愿意做。"

经理可能说:"这哪里违法?我堂堂一个经理,会叫你做违法的事?你说话最好小心一点。这是变通,绝对不违法,而且转来转去,没有人看得出来,你放心好了!"

我们常常有意无意地诅咒"让别人去死",告诉做部属的,违法的事,要坚决拒绝,不忍心让这些"鸡蛋"去碰"石头",然后对着蛋黄蛋清摇头惋惜。

不错,正确的主张是:做事可以,绝对不要坐牢。但是,为了不坐牢而丢掉饭碗,那种滋味恐怕也不是局外人所能够体会的。

把服从和不服从合起来想,不要分开来看。很容易悟出"站在不服从的立场来服从",意思是"不一定服从"也"不一定不服从",才能够"有所服从"也"有所不服从",因而"服从到合理的程度"。

合理不合理,很难判断。所以服从到什么程度必须用心思索,不可以为所欲为,或者凭着一知半解便立即做出不服从的反应。

站在不服从的立场来服从,才不致盲目服从。但是服从与否,是自己内心的事情,用不着表现出来,以免引起上司的不满,反而对自己不利。于是上司的命令,先以正面的服从来表现,以减轻上司的疑虑,然后再仔细考虑,服从到什么地步,以求合理。

要则

1. 做事可以,做事很应该,绝对不能违法坐牢,这是部属听不听话的主要原则。对自己有利,也不会害及主管。

2. 上司的命令,必须自己衡量,应该服从到什么地步,才不致因盲目顺从而害了上司。因为服从不服从的判断,应该以把事情做好为基准,而不是以讨好上司为基准。

3. 坐牢是一种自作自受的恶果,虽然说很可能遭受冤枉,但是自己不够谨慎,也是责无旁贷。

卖力不卖命

个案:

上个月,公司指派5位同事,分别到外面接受不同的训练。回来后报告受训心得,引起大家很多的怀疑。

王君谈到"时间管理",指出"工作时间并不等于上班时间,因为有些人不工作,从上班混到下班。我们应该把8小时做合理而有效的分配,充分发挥每一分钟的效能……"以下的话,似乎大家都听不进去。依据事后彼此的交谈和抱怨,都局限在这几句话的情况来判断,大家听到这里,已经觉得"又好气,又好笑",再也无心听下去了。尽管王君侃侃而谈,听众却大多面面相觑。

李君受的是"良好工作态度"的训练,心得是"任何人进入公司,应该表现能干、肯拼的实力,才有良好的工作态度"。"能干、肯拼"又成为大家叽里咕噜的焦点,也是事后引起众多争议的话题。

焦君听了一大堆"对中国人民族性的分析",由于他年纪较大,所以显得十分老到。首先说明"说的人这样说,不过我自己不太相信",然后才说出:"中国人特别重视情感,无论什么情况,总是把一个'情'字摆在前头,所以动之以情,他就会为知己者死。"这一番话,大家好像没有什么反应,心里想"我自己就是中国人,还用得着你来分析",因而觉得"要分析也应该说出一些名堂来,这一套我老早知道,哪里需要再花时间去听讲"。

刘君是品管人员,他所受的训练也和品管有关。他强调消极地降低不良率,不如积极地确保没有不良率,因为降低不良率再怎么说也是一种不负责任的念头。就算再低的不良率,对买到不良品的顾客而言,仍然是100%的不良率。刘君说得口沫横飞,听的人并没有太大的信心,"零不良率"是不是有一点夸张呢?

龚君转述一则个案:"老板到处拿订单,明明有利润,却弄得出现赤字,他把全体员工集合起来,要求大家努力增产。从明天开始,每人增加5%的产量。结果员工一下子就增产10%,惹得老板更加生气,抱怨大家平日实在太偷懒了!"

5位同事谈论的主题各有不同,但他们提及的重点,却离不开中国人的工作原则,那就是"卖力不卖命"。要员工卖力可以,想让员工卖命,免谈!

请问:

1. 王君的心得报告为什么让大家听不下去?
2. 李君的"能干、肯拼"有什么问题吗?
3. 焦君的说明有哪些值得学习的地方?
4. 刘君的"零不良率"能不能实际施行?
5. 龚君所转述的个案主要在传达什么信息?

分析:

1. 王君提及"应该把8小时的上班时间,做合理而有效的工作分配,以充分发挥每一分钟的效能",大家马上想道:"整整8小时,每一分钟都要充分发挥效能,这样卖命,值得吗?"

中国人的观念是忙里偷闲,稍微轻松一下,才能保住性命。如果一天到晚紧张,整整8小时都被紧紧盯住,那还活得长久?这样的工作,大概谁也承受不了。

其实,中国人一天工作8小时以上的,为数不少。而且也不乏一分一秒都相当紧张的,还不是照样活下去?可见中国人心理作用很大,不明说让他卖力工作,他并不觉得自己在卖命。一旦明说要把时间严密地控制,而且把工作分析得十分清楚,以便正确地分配妥当,大家听到这种信息,心理上已经相当疲累,可以说是"未做先厌倦"。

如果换一种方式,把"时间管理"说成"既能够完成质量兼顾的产品,又可以减少时间的浪费,让大家省时、省力。同样做得那么多那么好,却有更多时间忙中偷闲,以确保健康,延长寿命",相信更能打动中国人的心,使大家不但聚精会神地聆听,而且用心把它付诸实施。

2. 李君的报告,要大家能干、肯拼,更严重地伤害了同人的心。老板不给我机会,我再能干也表现不出来;老板肯给我机会,我再不能干,练久也可能成"精",当然越来越能干。再说,肯拼不肯拼,并不是嘴巴说的就能算数。口头上肯拼,未必真的肯拼。何况肯拼不肯拼,也不应该由别人来倡导。还有,"爱拼才会赢"原本是一首歌,唱的人指手画脚,听的人不当一回事,那就相安无事。若是听的人一肚子火,必然觉得"唱的比说的好听",因而意念一转,说出"拼到死也不会赢"的气话,那就适得其反了。

中国人不说"能干",喜欢说"肯干",这才是高明。常听许多老板说:"能干不能干,短期内实在看不出来。肯干最要紧,只要肯干,天下原本就无难事,有什么学不来的?"说得员工个个斗志高昂,摩拳擦掌,准备好好地表现"肯干",以获得老板的赏识。

高明的老板,心里有"能干"的要素,却不在口头上表述出来,免得某些人没有面子。他们也许心里有"肯拼"的念头,却一直规劝员工不要太拼,以免伤害身体。这不是"口是心非",而是以诚恳的态度,希望员工有肯干的热忱,还要"为公司珍重",才能够长期努力。

"可以尽力,用不着拼命",父母自幼耳提面命的教诲，铭刻在我们的脑海深处，哪里是高呼"肯拼、敢拼"所能够轻易改变的？说得太多，就成为真正的"口是心非"。有人痛斥这种"尽力主义"的观点，认为是马马虎虎、应付应付的挡箭牌，其实尽力必须加上尽心，才算真的尽力。一个人尽心尽力，要他拼命做什么呢？

3. 焦君开始报告之前，先说明"自己不太相信"，以缓和听者的心理紧张度，如果身份合适，那么效果就会很好。若是老板不欣赏他这种语气，那就显然得不偿失。

中国人普遍认为自己最了解中国人，几乎忘记了"不识庐山真面目，只缘身在此山中"的道理。天天如此，反而不知其所以然。不过"要分析，应该说出一些名堂来"，则是起码的要求。如果人云亦云，或者一知半解就断定如此，岂非害人又害己？

士为知己者死，史有明证。然而先决条件甚多，绝对不是简单一个"情"字，就可以叫人去死。我们是重"理"的民族，衡情论理，合理地解决问题，才是中国人的真面目。

中国人不喜欢死，认为"好死不如赖活"。中国人又喜欢求得好死，因为"迟早难免一死，实在不能活的时候，好死最要紧"。中国人的观念，是"转"出来的。不卖命是"根本"，不应该卖命的时候，自然不会卖命；应该卖命的时候，自然会卖命，那是"作用"。站在"不卖命"立场来"卖命"，这才合理。

4. 中国人心目中存在"神仙打鼓，有时也会错"的念头，要求百分之百完美，简直是"自找天谴"。

我们可以"希望"把不良率降低到零，却最好不要明白地"要求"零不良率。高明的老板，会以"不良率降低到零"为荣，认为这是员工"化不可能为可能"的"了不起"所在。不会拿"零不良率"当作要求的标准，使员工觉得自己在"达成任务"，而非"争取荣誉"。

中国人有办法做到"零不良率"，但是，"零不良率"是员工努力做出来的，属于员工的荣誉。"零不良率"不应该由老板来规定，员工累得半死，结果只符合规定的标准，谁受得了？

5. 龚君所转述的个案,令人啼笑皆非的乃是老板的要求,员工加倍达成,使得老板更为生气。因为他的面子,完全受到伤害。"我只要求增加5%,他们一加油就增加10%,实在太使我伤心!"

可见"卖命"也要有卖命的技巧,否则"送人家东西,还要让人家嫌",实在不值得。

◦ 说明 ◦

"卖力不卖命"的主张并没有错。人生下来,总共只有一条命。命迟早会结束,但要结束得心安理得,才能够显得"重于泰山"。力气天天都有,今天卖光了,明天还有新的可以继续卖。何况今天的力气不卖,也不可能储藏下来,照样随着一天的时光,付诸东流。卖力是应该的,"拿人钱财,与人消灾",不卖力根本说不过去。卖命是非不得已而为的,不可随便允诺。

卖命不卖命,由己不由人。我自己决定卖命,别人挡不住;任何人劝我卖命,不过马耳东风,听听就算了,毫无效果。卖力不卖力,由人不由己。我自己决定不卖力,别人可以解雇我、指责我、处分我。劝人卖力,是做好事;劝人卖命,那就不好讲了。

> **要则**
>
> 1. 中国人应该卖力,亦即尽心尽力,同时应该保命,为自己,为公司,也为国家社会,留住宝贵的一条命,以便卖力、再卖力!保命卖力,所以卖力不卖命!
>
> 2. 卖力到什么程度?固然由自己决定。但是,后果也由自己承担。基于自作自受的法则,我们认为:既然接受工作,当然应该卖力。划不划得来,并非金钱所能够完全衡量的。对得起自己,不浪费自己宝贵的生命,才是卖力的主要依据。
>
> 3. 各种训练,有没有效果,主要看能不能真正付诸实践。要能够行得有效,必须符合当地的风土人情,否则空说无益,因为听进去也用不着。

争气不争功

个案：

某公司新旧总经理交接典礼，王董事长亲自主持。他循例先说一些前任张总经理的贡献，肯定其5年任内的改革对公司有很大的助益。

然后介绍新任李总经理的简历，并且推崇他的宝贵经验和出众能力，相信公司在他的主持之下，必定有更为灿烂的未来。

张总经理致辞的时候，忽然间好像变成另外一个人，平日的果敢和气魄，顿然消失。

他十分客气地表示，由于过分重视绩效和士气，对于某些同人，似乎疏于照顾，希望大家体谅他的苦心，多多包涵。

他又表示虽然离开公司，但是仍然在本地任职，以后见面的机会很多，请大家秉持原来的爱护之情，不吝指教。

李总经理是新人，大家对他所知不多。他诚惶诚恐,生怕大家一下子不能够接纳他,所以致辞时尽量镇静而和缓,偶尔添加一些幽默,希望博得大家的好感。

这些情况,各公司、机构大致相同,好像有一定的模式,大家不约而同地说同样的话,采取同样的态度和语气。久而久之,似乎形成一套不成文的公式,非如此不可。

交接典礼的主持人,无论前任总经理的退休、荣升、迁调或革职,一定要说些赞扬的好话。

请问:

1. 为什么交接典礼,差不多都要说些如此这般的话呢?

2. 王董事长先肯定前任总经理,再推介新任,为什么?

3. 各人的表现,隐约可以体会到什么内涵?

4. 真的是功没、过存吗?

5. 如果是的话,我们努力做什么呢?

分析:

1. 人嘛,好聚好散。中国人凡事考虑得很长远,而且特别相信"山不转水转",同时相信"不是冤家不聚头",所以主张"要散,就应该好好地散"。

为了好散,我们相信新旧任交接典礼具有很大的功能。不但可以化解彼此的误解,把多年的恩恩怨怨淡化,而且能够减少以后的困扰或纷争,留下以后好见面的宽广余地。

至于能不能达成这些使命,决定于彼此的诚意和用心。特别是主持人的心胸,这时候表现得十分清楚,也影响到典礼的成效。

2. 董事长通常会首先感谢前任总经理,再推介新任,以表示继旧开新的气象,以及不忘本的精神。原有的同人,心理上比较好受,因为董事长并没有喜新厌旧。卸任的总经理,致辞时会比较冷静而客气,不至趁机放炮,说出很多令人下不了台的难听话。新任总经理也比较容易接腔,不必一接任就去选边站,出面支持董事长,为其辩护,令人觉得有备而来,反而不容易加以接纳。

3. 张总经理就算再坏,也替公司担任了5年的重要职位,总归有他的贡献,王董事长趁着交接典礼,把它说出来,张总经理的心里会好受得多。

前任总经理如果是荣升更高的职位,大概就不至于像泄了气的皮球,没有一个地方硬得起来。

他说不定会轻松地用开玩笑的口吻来欢迎新任总经理,并且提示他一些未解决的难题,表示自己有先见,只是未动手而已。

若是退休,多半会感叹韶光易逝,年华老大,因而对大家多多勉励,更感伤地和大家道别。

现在张总经理很明显地与董事会意见不合,被"莫须有"的罪名所套牢,不得不对某些可能让自己难堪的同人,再三致歉。毕竟英雄不吃眼前亏,何必冒险?

新任总经理如果是前任的得力干部,受到多年照顾,又力荐新职,对于前任总经理自是感激不尽。致辞时就会极力推崇老总经理的金科玉律,宣称今后"萧规曹随",还请老总经理一本初衷,多加指导。

李总经理是新人,最担心的是大家对他欢迎与否,所以当前的急务,仅在争取好感,以后种种,留待他日再来计议。

其实,交接典礼总共不过几十分钟,简单隆重,转眼就成为过去。重要的是,交接典礼过后,前任再好,再有重大贡献,终究要离去。新任再陌生,再摸不着头脑,还是要共处。

于是攻讦既往,歌颂现在。但见新人笑,不见旧人哭。以前的伟大处,逐渐褪色,甚至成为不可原谅的过失。现在的所有措施,无非求新求变,而且切中时弊,为全体员工谋取最大的福祉。

4.功没、过存。过去的功劳,一笔勾销。往日的过错,不断地显现。同人之间,说起过去都摇头,提到眼前就表示有希望。世态炎凉,人间冷暖,在一交一接之后,才明显地流露出来。

王董事长为了支持新任李总经理,不得不对原任张总经理的所作所为,做另一角度的分析。

有意无意,透露自己从被蒙蔽到看清真面目,实在有难言之隐。聪明的话,加上一句:"不管怎么样,他辛苦了这几年,我还是十分感谢他。"闻者无不动容,更加怀疑张总经理究竟有什么对不起董事长的地方。

张总经理若是传给他的儿子,相信应该不会遭受攻击。相反,儿子当上总经理,更是以老总经理为荣,处处拿老总经理的话作为重要依据。

张总经理如果力荐自己的亲信来继任,那么他晋升之后,依然可以遥控原来掌握在自己手中的公司,何乐不为?有势力而不求扩展,哪里能够形成更大的势力网?

不过,儿子也有反叛的可能,亲信更加不保险。所以儿子也好,不是儿子也好;亲信也好,不是亲信也好,重要的是,要及早培养可以使自己的经营理念继续发扬光大的继任者,这才是总经理的主要职责之一。

自己既不要同董事会形同水火,又有能力在自己离职时,推荐合意的继任人选,这才是真正风光的总经理。

总经理在任内表现良好,且有卓越的贡献,并不表示自己就没有过错。因为同样一支笔,可以倒向东,也可以歪向西;同样一件事,可以说成白的,也可以说成黑的。

往往一件好事,被渲染为不堪入目的坏事;明明一件坏事,却被巧妙地粉饰涂金,变成天下的好事。

总经理在任时的功劳,大家绝口不去提他;所有的过失,尽量加以扩大和丑化,任凭退任总经理三头六臂,也无可奈何!

时势所趋,形势所逼,很容易造成"功没、过存"的结局。中国人很早有见及此,才告诫我们"不求有功,但求无过",看似消极,其实非常有道理。

5. 既然不求有功,但求无过,我们努力的目标,最好放在"不要产生过错",而不是"尽力求取功劳"。

为什么不求功?因为功劳很容易被人遗忘。同时,由于时势的变迁,形势的转移,当年的功,很可能是今日的过。大家在极力翻案的时候,根本不会考虑当时的情境与今日不可相提并论,却全然站在今日的观点来审视当时的决策,当然一无是处。

请问：公司的福利措施，是什么人制定的？答案不是"我"，便是"不知道"。公司的新产品，是谁开发的？答案不是"我"，就是"谁管他"。

自己的功劳，当然不会忘记。别人的功劳，记那么多干吗？

不求功的真正含义，是有功劳也要自行忘记，不要老是认为自己有功，这样才不会灰心、失望。

为什么但求无过？因为过失永远存在。过失所带来的后遗症，历久不衰，令人时常痛恨、责骂，实在很不幸。何况当时的功，时过境迁，很可能变成过。再加上占便宜的人称赞为功，没有占到便宜以及受到伤害的人，必然诋毁为过。

◦ 说明 ◦

但求无过的真正含义，在于自己提高警觉，不要轻举妄动，自以为是。自己的过失，多半看不出来，更加要警惕，以免到处惹祸，给自己留下一大堆洗刷不完的过错。

"不求有功，但求无过"并不是什么都不做，而是有所作为的时候,必须留意它可能带来的功过。

肯定有功的,要以无功的心情去完成它,并且时时注意料想不到的过失,及时加以补救,以绝后患。万一是过的,立即悬崖勒马,以免坠入深渊,悔之不及。

李总经理就任之后,当然应该有所表现,才不辜负众人的期望。但是,表现归表现,却不必将自己的功劳建立在前任的过失上面。

总经理开始觉得过去的不合理,马上出现一箩筐"往昔的罪过",这是不可避免的趋势,不可不防。

过去是过去,过去的一切决定,想必有当时的许多限制,不得不如此。现在是现在,现在的一切决策,当然依据现在的情势,做最合理的选择。

然而,现在是过去的延伸,没有过去,哪里有现在?过去那些看起来"幼稚"的做法,正是今日这些显得"成熟"的基础。

人往往喜欢彰显自己的才干,夸大自己的功

劳,却很少察觉后人正在那里摩拳擦掌,准备批评自己的能力,贬低自己的贡献。

前后任是缘分,好不容易才有这么一交一接的机会,彼此都应该珍惜。前任以后任为荣:幸亏有你,我的理想才得以发扬光大。后任也以前任为荣:多承打下这么扎实的根基,我才能够在上面跳跃自如。

人,要彼此谅解,更要彼此勉励。大家只顾自己的伟大,不顾他人的辛苦,这时候"功没、过存"的道理,就更加明显,因为几乎人人都有过,个个皆无功!

要则

1. 好聚不如好散,留下以后好见面的余地。

2. 交接典礼往往包含很多信息,如何去解读要看各人的本事。最好不要存有成见,采取比较客观的心态,来观察、分析,以期对未来的发展有所判断,也有所应付。

3. 功没、过存，是不争的事实。每做一件事，先想想可能造成哪些后遗症，事先想办法加以避免或减轻，应该是可行性分析的主要部分。不能够做了再说，以免得不偿失。

第二章
沟通的现象

中国人的脑海深处，普遍存有"先说往往先死"的概念，往往暗留一手，让别人先发表意见，然后见机行事。

"先说先死"和"不说也死"，看起来彼此矛盾，中国人却有办法把它们统合起来，做到"说到不死"的地步。

如何领悟"先说先死"与"不说也死"的道理，真正做到"说到不死"，恐怕除了确切地说与不说之外，还应该切实以行动来支持自己。

导　言

中国人的脑海深处，普遍存有"先说往往先死"的概念，以致"见面不谈正经事，专门胡扯"。"有意见也不一定说"，往往暗留一手，让别人先发表意见，然后见机行事，可能大肆抨击，也可能赞扬备至。这种让别人站在明亮处，自己躲在黑暗处的作风，造成很多沟通的障碍。

不知道"先说先死"的人，常常死得不明不白。只知道"先说先死"，却落得难以沟通，对自己的前途非常不利。因为"先说先死"固然是不易的道理，而"不说也死"同样有许多铁的事实，不容否认。

"先说先死"和"不说也死"，看起来彼此矛盾,中国人却有办法把它们统合起来,做到"说到不死"的地步。化矛盾为统一,说起来正是中国人的独门功夫。

明智的人,必须在"先说先死"与"不说也死"的"品管上下限"(如果"先说先死"是品管的上限,那么"不说也死"就是品管的下限)之间,找出一条"说到不死"的活路。

中国人的聪明,表现在"不可不说"而又"不可乱说",亦即说得恰到好处,令人拍案叫绝。

人难免会胡说,只是不应该"一本正经地胡说",让人家看不出他正在胡说。中国人一再告诫"不要听他的,要赶快去看他做些什么",表示"行动胜过语言",真正付诸行动,比说一大堆空话更受欢迎。

中国人喜欢"察言观色",一方面看他是不是同意我们的说法,一方面看他是不是了解我们的真意。

反过来说,我们说话的时候,别人也喜欢看着我们,一方面看我们是不是胡说,一方面也观察我们有没有用行动来证明我们的语言。

中国人十分习惯于"不明言",亦即"不说得清楚明白",却喜欢"点到为止",以免伤感情,或者"看不出对方是否具有诚意"。

不明言的态度,不容易先说先死。因为一部分是我们说的,一部分是别人自己猜的,大家都有面子。谁也没有完全听从谁的,大家比较乐意顺从。否则,"我为什么要听你的?"而且,"你凭什么命令我?"

"不明言"也不会"不说也死",因为你认为我不说,但我已经说了,至于清楚不清楚,明白不明白,那是程度上的差异,没有一定的标准。

"不明言"往往能够收到"说到不死"的效果,兼顾"说"与"不说",居然可以不死,实在是奇迹。

中国人的沟通相当特别,绝对不是"我有话要说"或者"有话直说"就可以奏效的。如何领悟"先说先死"与"不说也死"的道理,真正做到"说到不死",恐怕除了确切地说与不说之外,还应该切实以行动来支持自己。

先说往往先死

个案：

王董事长和李总经理是从小一起长大的好朋友，这种难得的友谊，促使他们在大学毕业之后，共同创业，不分彼此也不拘名分。董事长和总经理不过是形式上的称呼，实际上凡事商量办理。

近来，情况稍微有些变化。为了某些事情，双方的意见很难一致。以往遇到类似情形，两人总会坦诚地表示自己的意见，就算大声争吵，也不至于伤感情。现在却不是这样，见面时打招呼，却很少面对面地谈问题。大多数事宜，都通过朱秘书来联系解决。

朱秘书夹在中间，实在相当为难。遇到问题，请示王董事长，答案不外乎"你应该去问总经理"。转过头来请教李总经理，却又听到"你先去问董事长"的指示。谁都不愿意先说，弄得朱秘书转来转去，很难得到具体的解答。

实在没有办法的时候,朱秘书只好含含糊糊地编造一套对方的说辞,结果竟然是"怎么可以这样"?因而说出刚好与对方相反的论点。

朱秘书转过来转过去,费好大的劲才能够解决一个问题,觉得苦恼万分,却又很难突破。

请问:

1. 王董事长和李总经理原本情意相投,为什么共同创业之后,反而貌合神离呢?
2. 为什么先说先死呢?
3. 朱秘书的沟通,主要困难是什么?
4. 王董事长和李总经理难道不了解朱秘书的苦衷?
5. 商场上的讨价还价和这个案例有什么关系?

分析:

1. 中国人常说"合"字很难写,意思是"合伙"事业不好办,很不容易好头好尾。往往创业阶段一过,好像蜜月期满,就要开始争吵似的,弄得大家都没有信心。

王董事长和李总经理当然也有情意相投的蜜月

时期，两人都觉得合作事业十分顺利。不料，人员越来越多，事务越来越复杂，于是，由小误会而积成大误解，加上"人一旦开始怀疑，就会越来越疑心重重"，以致彼此貌合神离，心存芥蒂，却又无法当面澄清，恢复原有的信任。

探究其中的原因，说起来很有趣，竟然是"先说先死"在从中作祟。中国人最了解"先说先死"的道理，而"先说先死"，又是屡试不爽的规则。使得中国人有很多事情，由于不愿意或不方便先说，造成沟通的困难。积久带来误解，自然引起猜疑。于是疑上加疑，便不得不反目成仇。合伙人最后成为仇人，真是始料未及。

仇人归仇人，没有拆伙以前，依然是合伙人，叫作合伙的仇人。这时候寻求中介人士，两方周转，似乎都相信他又好像都不相信他。

2. 为什么"先说先死"呢？我们举一实例加以证明。有一次，我们参观化工厂的时候，行经仪表控制室，看见仪表板上，有若干颜色不同的指示灯，有亮着的，也有不亮的。有一个指示灯，则是一闪一闪的。

有人问:"这个指示灯为什么会闪?"

厂长回答:"因为液体快到临界点,如果到达临界点,它就不闪了。"听起来也蛮有道理。

想不到厂长刚刚说完,仪表工程师说:"不是的!那个灯坏掉了!"

大家看厂长,脸上无光,谁叫他先说,果然先死!

如果厂长不搭腔,用眼睛看仪表工程师,他就不得不回答:"那个灯坏掉了!"

这时厂长便可趁机指责他:"灯坏掉了,为什么不修理?弄成这样子,一闪一闪的,多难看!"

仪表工程师先说,厂长才可以责骂他,叫他先死。如今自己先开口,不幸又说错了。若是此时指责他,显得自己恼羞成怒,似乎不得体。

3. 朱秘书请示王董事长,王董事长虽然说不出一套道理,却直觉地认为朱秘书要他先说先死,嘴里自然而然就会这样说:"你应该去问总经理。"

朱秘书请示李总经理的时候,由于李总经理同样存在着"先说先死"的观念,所以也不自觉地回答:"你先问问董事长。"

两个人推来推去,谁都不喜欢先说,因为先说先死,就算有人勇敢地情愿牺牲,一切由我先说,将来真的死了,不但没有人会衷心佩服,反而笑在心里,这才是人们一直推、拖、拉,不肯先说的真正道理。

先说为什么会先死呢?道理几乎都是相对的,所谓"仁者见仁,智者见智"。先说的人说出这一方面的道理,后说的人很容易站在相反的立场,说出另一方面的道理。虽然双方都说得头头是道,但是毕竟后说的人,可以针对先说的人,做一番整理和修补,甚至大挖其漏洞,弄得先说的人,好像相当没有学问。

先说的人站在亮处,人家摸得很清楚。后说的人若是存心挑毛病,专门拣他的缺失,保证把他整得体无完肤。先说的人,说来说去顶多说出道理的一部分或者大部分,总有一部分被遗漏掉;后说的人,就可以针对这些缺失来大做文章,表现得很内行的样子。

朱秘书夹在两位老板之间,经常被弄得眼花缭乱,不得不编造一些某一方面的意见,引起另一方的反击,至少可以从中获取若干信息,再抽来剥去,比较有出现丝茧的可能。

4. 王董事长和李总经理难道不了解朱秘书的苦衷?他们当然心里有数,可是爱护部属是一回事,自己不可以先死,则是更要紧的一回事。相形之下,让朱秘书团团转,也就成为"习惯了,也就好了"的最有效措施。

中国人十分讲道理,却又习惯于"你说东,我说西;你说西,我便说东"。反正有黑就有白,有东便有西,大家走着瞧。

5. 商场上的情况更是良好的佐证。首先开价的人,实在非常为难。开出高价,客人一看价格这么高,回头就走,问都不来问。开出低价,自己一定吃亏,谁愿意这样做?

开实在价不就解决问题了吗?却又不然。中国人喜欢杀价,讨价还价不成,又觉得没有面子,干脆不买,常常失去成交机会。

中国人为什么偏爱讨价还价?因为如果一还价便少付10元,请问有什么比这更容易赚钱的?喊一声赚10元钱,哪里去找?再说,谁知道喊价的人诚不诚实?万一他那边胡乱开价,我这边竟然深信不疑,岂不冤枉?

现在我们一方面呼吁大家推行"不二价",却又常透过传播媒体,要大家"货比三家不吃亏",这是什么道理?还不是信不过出价的商人?于是大家穿得整整齐齐,到百货公司看定价,再换穿便服,走向地摊去讨价还价,是不是又一次证明"先说先死"?

◦ 说明 ◦

打乒乓球的人,深知"先抽先死"。除非实力高出对方很多,才敢率先抽球,否则一抽便死,几乎是不争的事实。产品开发,先投入的往往先死,造成"老二"占尽便宜的现象,也是大家极具兴趣的话题。

女孩子买东西回来,很有兴致让大家欣赏她所购买的物品,却不会主动把价格讲出来。如果有人问她:"这件东西多少钱买的?"机警的女孩子也不至于开口便把所花的代价说出来,她会回答:"你猜猜看?"

要大家抛弃"先说先死"的念头,恐怕相当不容易。老子"不敢为天下先",孔子也大骂"始作俑者,其无后乎",难道真的一点道理也没有?假若大家都不怕死,争先恐后地力求先说,偏偏又说得不伦不类,或者根本似是而非,究竟是好还是坏?

王董事长和李总经理深知"先说先死"的害处,以致好朋友变成合伙的仇人。但是,他们的问题,并不是放弃"先说先死"的观点就可以解决的。就算他们争着要先说,结果也是白白地牺牲掉,这才是值得我们深思的课题。

要则

1. 先说先死的道理,大家知之甚详,共同不知不觉地引以为戒,却因此而不敢先开口,不愿意先说出自己的意见，以致增加许多沟通的困难，必须用心加以克服，以提升沟通的效果。

2. 最好深入研究一个问题："人人都知道先说先死的道理，究竟谁应该先开口呢？"否则没有人愿意先说，老在那里说一些没有用的话，浪费时间。

3. 先说也可能不死，不过需要更高明的本事，才办得到。若能达到这种先说也不会死的境界，堪称沟通高手了。情势不利的人最好先申述自己的意见，让情势比较有利的人公正地给予"合理的建议"，双方才有圆满沟通的可能。

不说也是会死

个案：

总经理主持会议，希望大家多多发表意见。大家你看我,我看你,最后干脆低下头看自己。总经理很不高兴,讥讽地说:"平常不要大家说话的时候,就有人显得话特别多,现在要大家说话,却没有话说。"

公司某单位主管出缺,总经理在人事资料中,发现王君的学历、经验都相当符合要求,便征求王君的直接主管李经理的意见。李经理说:"我对他实在不很了解,因为他很少和我讲话。"

董事长希望总经理了解一下汪经理的近况,原因是:"他近来很少说话,会不会有什么难言之隐?"董事长认为汪经理一向见到他都有说有笑,最近这一两次竟然打过招呼以后,就沉默不语,恐怕有些蹊跷。

总经理请朱专员陪同拜访客户,客户提出若干要求,总经理说来说去,似乎偏离了事实。朱专员躲在一旁,什么也不敢说。回来之后,总经理查明实际情况,立即把朱专员找过去,指责他明明知道总经理说错了,居然一副事不关己的样子,一句话也不说,简直是隔岸观火,大声地责骂他:"我难道是要你去看戏的?看我丢脸,对你有什么好处?"

朱专员被骂得哑口无言,心里只是纳闷:"原来不说也是会死!"

请问:

1. 中国人为什么不喜欢在会议中发言?

2. 王君的学历、经验俱佳,李经理为什么不敢推荐他担任主管?

3. 汪经理近来很少说话,为什么引起董事长关注?难道少说话也不行吗?

4. 朱专员可以率直地指出总经理的错误吗?他应该怎么办?

5. 先说先死,难道不说也死?有什么好办法,可以说到不死?

分析:

1. 中国人不是不喜欢说话,而是中国话多半不容易表达得很清楚。话本身已经相当暧昧,听的人又相当敏感,于是"言者无心,听者有意",往往好话变坏话,无意成恶意,招来洗不清、挥不掉的烦恼，何苦来哉？所以中国人对闲聊很有兴趣，见面不谈正经话，专说一些没有用的"五四三"。会议既然要谈正经事，大家只好面面相觑。不是真的没有话讲，而是谁也不愿意先说，因为事实证明：先说往往先死。

会议中敢于发言的人，通常是这三种人：一是怎么说都不会死的"红人"；二是反正说与不说都会死的"黑人"；三是被人家扣上高帽子，不知不觉地自以为正义凛然的"白人"。算来算去，说得好是应该，说得不好就会死的"黄人"，还是少开口或者后开口比较安全。

"红人"在会议中，常常狐假虎威，开口就是"开会嘛，便是大家要讲话，为什么不讲呢？"，不料大家脸上没有表情，嘴上不说，心里却嘀咕着："哪天轮到你下台一鞠躬，你会讲这种话？"

"黑人"什么话都敢说，因为他抱着"大不了一死"的决心。他一不怕死，主席就怕他了，虽然心里十分恼怒，表面上也要虚与委蛇，好像是很有风度，其实这是中国式管理必具的"虚功"。

"白人"被捧得高高的,真的以为自己足以双肩挑重担,认为自己不说,大概没有人会说。这种人利用价值很高,结果却成为人人害怕的"破玻璃",大家敬而远之。

"黄人"说也死,不说也死,处境最尴尬。必须运用智慧,才能合理地突破,所以中国人的道理最难讲,最不容易懂。

总经理看见大家不说话,居然不高兴。假若大家踊跃发言,讲得总经理下不了台,是不是又要拍桌子骂人呢?总经理看见大家不说话,实在应该发觉问题的症结,是"会前沟通不够",以致大家不知道从何说起。

中国人注重会前会与会后会,会议本身往往流于形式,如果不能把握此一特性,贸然指责中国人"会而不议",鼓吹什么"不说话大错",强调什么"我有话要说",都是在不知不觉地害人。

2. 王君的学历、经验俱佳,顶头上司李经理为什么不敢推荐他担任主管?李经理讲得很正确:"对他不够了解。"王君平日沉默寡言,问他几句话，常常只能得到简短的答复，给人感觉高深莫测。少说话很好，不至于言多有失。但是少说话绝对不是不说话，不说话大家不可能完全了解，有时会成为自己升迁的障碍，不可不慎。

3.平日少说话，忽然话多起来，或者一向多话，居然不说了，都会令人起疑。这种比较明显的变化，多半被认为是心理不平衡的反应。

我们认为：朋友贵在相知，可是这些朋友到底是本性如此，抑或伪装成这等模样，实在弄不清楚。如果一直弄不清楚，就不敢当真把心交给他。彼此之间，就是好朋友，难免也存有一些戒惧。因此找一个机会，拉他一道喝酒，趁机把他灌醉，看看他醉后的表现与未醉之前有什么差异，以便判断这人的本质与习性，作为应不应该交心的依据。

醉后一反常态，不是借酒装疯，便是平日尽力压抑，此时趁机反映出来，我们比较前后的差异，应该有所判断。就算没有醉酒，人也可能产生异常的现象，管理者必须详加考察，深入探讨异常的原因。不可掉以轻心，等到后果严重，才来设法解决，已经坐失良机。

董事长觉得汪经理一向见到他都有说有笑，最近一两次，却一反平日的作风，显得沉默无言，他马上提醒总经理，去了解一下汪经理的境况。这种做法，必须有一个先决条件，就是汪经理既不属于董事长派，也不属于总经理派。换句话说，董事长和总经理的关系相当不错。总经理不会把汪经理找来，出卖董事长说："你要小心一些，董事长的个性多疑，看到你近来不太讲话，已经对你起了疑心。以后在董事长面前，还是当心应付一下比较好。"

汪经理和总经理处得如何？也是董事长应该顾虑的因素。明知两人处得不好，又要总经理去了解汪经理的情况。如果不是强人所难，便是有意添油加醋，让两人相处得更不愉快。

董事长若是顾虑太多，干脆不讲。将来汪经理发作起来，做出对公司重大的破坏，董事长心里不安，事实上也会蒙受不利。说出来固然是一种冒险，不说出来也可能招致不良的结果。

4.总经理请朱专员陪同,一起去拜访客户,必然是经过考虑的,认为朱专员对于客户以及业务多少都有一些认知。总经理的用意,当然是万一遭遇到什么难题,朱专员可以从旁协助。如今朱专员居然固执"先说先死"的传统,大装迷糊,难怪总经理火冒三丈,给予不客气的斥责。

朱专员真的可以率直地指出总经理偏离了事实吗?有些人喜欢说"当然应该如此",理由是"总经理必须有此雅量,接受朱专员的陈述",甚至进一步说"这样不但无损于总经理,而且使部属更加具有效率"。我们听多了,似乎忘记这正是典型的中国式"用别人的拳头捶打石狮",然后大喊"不痛,不痛"。打的人疼得冒出一身冷汗,抓着手的人,还要不解地说:"不可能呀!不应该觉得疼才对。"

我们建议朱专员及时补充或更改总经理的偏差,受害者是朱专员,当然不是我们。朱专员想必吃过几次亏,上过几次当,才会造成这种不闻不问的"活死人"形态。

5. 我们在接受"先说先死"的教训之后，必须赶快体会"不说也是会死"的道理。一味不说，同样死得很惨。

这样我们才能够明白，为什么中国人常常把互相矛盾的两句话连接在一起讲。我们讲究"先说先死"之后，马上接下去讲"不说也死"。"先说先死"和"不说也死"根本是彼此矛盾的两句话，中国人把它们连接起来，正是"化矛盾为统一"的伟大思想。想想看：说会不会死？再想想看：不说会不会死？千万不要抱着反正是死的念头，而不重视这种观念的圆融性。任何人只知其一，不知其二，就会死得令人无法同情，这才是真正的难题。

说到不死，其实是大家所极力追求的境地，如何才能达成，恐怕要多费一些心力，把这一章的学问贯通起来才有可能。

◦ 说明 ◦

先说先死和不说也死，看起来十分矛盾。但我们不应该把它们对立起来，从事二选一的活动，以免造成不利的后果。最好两者兼顾并重,秉持"不可不说,不可乱说"的原则,既不先说,也不不说。

把说与不说合在一起看,不要分开来想。以品质管理的观念,将说与不说当作品管的上下限。凡事在说与不说之间,看情势、论关系、套交情,衡量此时、此地、此事对此人应该说到什么地步,才算合理。

换句话说,不能够由于害怕先说先死而不说,而应该顾虑不说也死的不良后果,慎重审思怎样说才不致一开口就闯祸。

不说也死,是告诫我们,不沟通难以协调。由于很多人受到先说先死的影响,不敢沟通,所以特别提醒大家,不说也死,希望大家早日摆脱先说先死的阴影,步入沟通的良好轨道。

要则

1.虽然说沉默是金,不说话没有人会把我

们当成哑巴。但是不说话,别人无法了解我们的意思,很难产生互动,对双方都相当不利。

2. 喜欢有话就说而且有话直说的人,请务必多想想先说先死的道理,然后再想想不说也死的说法,然后对自己的有话就说以及有话直说的习惯,做一番反省,看看有什么应该改变的地方。

3. 不可不说,当然也不能够有话便说。不说会死,但是有话便说很容易流于口无遮拦,同样相当可怕。不说不行,还需要慎言,才合理。

最好说到不死

个案:

龚专员陪同刘经理出席公司的汇报会。刘经理站起来,把本部门的情况向大家做一番报告。龚专员洗耳恭听,发现刘经理遗漏了一件相当重要的事情。他不慌不忙地在便条纸上面写下"老李赌气要打架"7个大字,然后偷偷地递给刘经理看,希望提醒他,把"门卫老李为了星期天出货居然没有人事先通知他,气愤地要找人打架"这一件事也顺便说明一下,以免引起大家的误解,认为本部门办事不够谨慎才引起老李的不满。想不到刘经理看了一眼,便顺手把便条纸往口袋里一塞,提都不提一下,弄得龚专员丈二和尚摸不着头脑,不知道刘经理葫芦里卖的是什么药。

汇报结束之后,龚专员尾随刘经理回到自己的部门。他小心地问:"经理,刚才为什么不报告一下老李的事情?"

刘经理说:"谢谢你的好意,拿便条纸提醒我。但是,这一件事情我并没有忘记。我只是想来想去,总觉得不方便在开会的时候讲,免得老李恼羞成怒,吵闹得更凶,大家都不好看!"

请问：

1. 刘经理为什么会这样做？对于龚专员的好意，是不是有所忽视？

2. 龚专员这样做，对不对？

3. 龚专员若是一点儿动作都没有，刘经理可能会产生什么样的感觉？

4. 能不能举出若干相似的案例？

5. 说到不死，有什么要领？

分析：

1. 我们可以虚拟一下，老李赌气的主要原因在哪里。

原来星期天休息日出货是不得已的措施。事先当然想到通知门卫，以便顺利放行。偏偏门卫室临时调班，改由老李值日。他一向自命为董事长的同乡，又是长一辈分的人，常常倚老卖老，谁的账都不买，这一天他自认为大礼拜天大家休息，也懒得看桌上的联络单。货车要出货时，他又不问青红皂白，横加阻止，引发一阵无谓的争吵。老李下不了台,硬说是事先没有通知,把一切责任都推给承办的出货人员。

任何事情,都可能牵连若干因素,并不是单纯的"是"与"非"或者"对"与"错"。刘经理毕竟经验比龚专员老到,考虑的结果是:不提为上策。

刘经理这样处置,并不是不重视龚专员的善意提醒。但是,感谢归感谢,要怎样应对,还是需要自己审慎决定。

2.龚专员虽然年轻,但是他的举动,亦属可圈可点:一是他没有莽撞地在会议进行中把这件事说出来;二是他不是漠不关心,反正没有我的事,经理爱提就提,不提便不提,与我无关;三是他还会事后追踪,探问究竟,作为今后与经理配合的依据。

汇报时刘经理报告完毕,龚专员很可能警觉地发现经理遗漏了老李发脾气的事件,于是急忙站起来,补充说明一番,相信这么一来,刘经理必然气在心里,对龚专员有失去控制、难以掌握的无奈。

而龚专员也会承受"先说先死"的祸害，往后的日子，会增加许多苦头，也会大大减低经理对他的信赖程度。

事实上，刘经理不但不感激他的补充，而且事后必定气冲冲地把龚专员臭骂一顿："你以为你比我聪明吗？我坦白告诉你，老李的事我比你还清楚，比你还记得牢，只不过我比你谨慎，想了老半天才决定不提的，没想到你自以为了不起，心目中根本没有我，大摇大摆地就把它说出来。"

3. 反过来说，如果龚专员在刘经理报告之后，一点儿表示都没有，万一真的是刘经理一时大意，把老李的事件遗忘了，失去了一次最好的解释机会，那么，今后刘经理想起这件事，必然对龚专员产生若干抱怨与不满。

他不但会怀疑龚专员的工作态度，认为出席汇报会时根本心不在焉，这种人谁敢信赖？而且会怀疑龚专员的忠诚程度，认为明明知道上司遗忘这么重大的事情，眼见解说的良好时机稍纵即逝，居然装聋作哑，不闻不问，这种人可靠吗？龚专员深受

"不说也死"的祸害,也将是不知何日才能翻身。

4. 小王陪老板到客户那里去谈判,客户提出某些要求,小王当场拿出计算器,熟练地计算一番,便说:"可以接受。"老板气得满脸发青,当着客户面不便发作,回来后厉声指责小王:"到底你是老板,还是我是老板?你简直存心要把我气死!"

小朱同样陪伴老板到客户那里去谈判,客户也提出某些要求,小朱当场拿出计算器,熟练地计算一番,一句话都不说,拿给老板看。老板说:"不行啊!不够成本!"客户看在眼里,笑在心里,这一套把戏,谁看不透?分明在作假,骗我做什么?

小丁有机会陪同老板与客户谈判,客户当场提出若干要求,小丁把计算器的结果显示给老板看,嘴巴则一面说着:"不行,我们承受不了!"老板看见数字,心里明白,接着说:"不行是不行,能不能再想想办法?"

小王触犯"先说先死"的禁忌,使得老板毫无退路,不管心里愿不愿意,只有接受客户要求这一条死胡同,当然非常不高兴。

小朱却又"不说也死",客户一看他话都不说一句,马上知道计算的结果是可以接受的。老板空耍花招,也逃不过明眼的客户,徒然弄得彼此相当尴尬。

只有小丁最有本事,在真真假假、假假真真当中,客户左猜右猜,多半有点迷糊。

5. 不知道"先说先死"道理的人,往往死得不明不白。仅仅知道"先说先死"却不明白"不说也死"的人,一辈子吃亏,被"不说"害得死死的。

明智的人,必须在"先说先死"与"不说也死"的"品管上下限"之间,找出一条"说到不死"的活路,这才是符合品管要求的正常表现。"说到不死"是"要说"不是"不要说",不过它提醒我们"不可不说",却也"不可乱说"。如何在"不说"与"乱说"之间,说得恰到好处,便是"说到不死"的真功夫。

希望"我有话要说"的人,千万小心,磨炼一套"说到不死"的本领,才不会怨天尤人!

◦ 说明 ◦

部属和主管一同出席会议,当然都有发言的权利。但是既然代表同一部门,总得内部先协调一下,免得引起内乱,招致其他单位的嘲笑。龚专员要发表意见,如果事先征求一下主管的同意,应该是比较妥当的做法。刘经理责骂他"心目中根本没有我",的确是不争的事实。

龚专员说不定搞不清楚什么"先说先死"以及"不说也死"的大道理,然而他究竟是中国人,能够明智地化解双重危机,用便条纸来达成"不说之说"的境界。说他"说"了,他根本没有说;说他"不说",他倒是真的说了。中国人常说什么"说得好像没有说一样",正是此理。

刘经理如果抓住汇报的时机,公开向各部门做一番交代,他看到龚专员的便条,可以装作没有看见的模样,把纸条放进口袋里,然后十分自然地举手示意,再度发言。大家认为他相当客气,把正事报告完毕之后,再度起立,才把这件事提出来。刘经理一方面很有面子,不会让人家误会自己不提,叫部属来提,或者做主管的居然忘记了,还是部属机警,及时加以补充说明。同时他的内心,十分感激龚专员,认为他聪明有余,而且忠诚可靠,此后重用他、信赖他,自是当然之事。

相反,刘经理如果认为此时此地不把事情抖出来,乃是明智之举。他打算私下向董事长报告,使董事长有面子来处理这件事,对大家都有利。他就会把纸条塞入袋中,然后若无其事地一声不响。心里仍旧感激龚专员的好意,而且暗地里赞叹,年纪轻轻,就这么机警而懂事,今后非重用他不可。

龚专员可以说是从"先说先死"和"不说也死"的夹缝中,死里逃生,走出一条"说到不死"的坦途。

小丁是不是欺骗客户呢?我们从部属配合主管的角度来看,部属应该尊重主管的裁决权。小丁当着客户的面,不可能明白地说:"可以是可以,不知道老板同意不同意?"这种话不说还好,一说必然笑得客户仰面,气得老板低头!可见在这种场合，照实说是绝对行不通的。

那么，像小朱那样，沉默不说话，有什么不好？中国人太灵巧，马上联想到小朱的处境，说不出口，所以才一句话都不敢说。分析的结果，一定是承受得了，小朱才不敢说出口，否则他理直气壮，一下子就喊出来了。

既要尊重主管的最后裁决权，又要让主管真的有斟酌的自由，小丁的办法最好，便是口中念念有词，使客户费疑猜了。

打乒乓球的人，深受"先抽先死"的痛苦，不敢轻易抽球，结果难以招架，充分体会"不抽也死"，历经苦练，才能够达到"抽到不死"的境界，因而胜利在望。

要则

1. 说到不死，其实就是说到合理的意思。只要合理，大家都能够接受，当然可以说到不死。每说一句话，先用脑筋想一想是否妥当，是才说，不是的话再设法调整。

2. 中国人说话，要说到对方听得进去。若是根本听不进去，一开口对方就拒绝接受，甚至产生反感或不满，那就不可能说到不死。

3. 要对方听得进去，千万不能够存心讨好，因为讨好对方，并不是沟通的良好途径。不讨好，又听得进去，才称为妥当，才是合理的表达。

行动胜过语言

个案：

王课长把张三私底下骂了一顿，指责他犯有三大错误，并且义正词严地说："自己的工作做不好事小，弄得全课受牵累才是事大。"张三不吭气，既不否认也不承认，只是默默地回到自己的岗位上，继续埋头工作。

过了两天，王课长又把张三拉到一旁，偷偷地说："我昨天找李四，把整个事情弄清楚，才知道你并没有错。不过，你既然没有错，为什么不吭声呢？"

张三心里有数，课长的话，虽然看起来有责怪的味道，指责自己不吭声，不为自己抗辩，其实，他是在道歉，真正的意思是："对不起，我错怪了你。"

李课长在业务汇报会上，公开批评朱五和龚七的工作态度很差，不但不积极，反而有故意推、拖、拉的现象，实在令人痛心。朱五和龚七站起来，一再保证并无此事，只是朱五忙于年度结算，龚七刚好弟弟要出国进修，难免有点分心。但是，李课长始终坚持他不会冤枉好人。

不久，消息传来，李课长要请大家吃饭。问了半天，问不出什么理由。于是，大家心里明白："那天在业务汇报会上乱发脾气，事后觉得自己太过火，又不便公开道歉，所以借请吃饭的机会，让大家消消气。"

林经理火冒三丈，和刘经理吵了一架。事后，林经理带着倪课长去找刘经理，把吵架的责任推给倪课长，说是倪课长说得不够清楚，才会引起这种误会。刘经理一看倪课长的表情，便知道他不过是代罪的羔羊。他也顺势推说自己也常常如此，于是握手言和，皆大欢喜。

陈董事长骂错了人，却在下一次会议当中不慌不忙地说："上一次会议，我把营业课长数落一番，相信大家都会觉得奇怪，像鲁课长那么认真负责而且表现良好的主管，董事长为什么还要给他难堪？各位要明白，我不是一个是非不明的人，要不然，凭什么当董事长？我只是想在鲁课长最艰难的时候，帮他一点忙，可是，我又不能替他做些什么，所以，我就故意公开指责他，让他在部属面前更有理由可以要求。这个坏人让我来做，各位看怎么样？"

请问：

1. 中国人不容易承认错误吗？为什么同样承认

错误，会产生这么多的花样呢？

2.张三如果当场申诉自己没有错误，可能产生什么样的后果？对张三有什么害处？

3.李课长和王课长的表现，有什么不同？

4.林经理的表现，是不是已经达到道歉的目的？

5.陈董事长的说辞，可能产生什么样的反应？

分析：

1.中国人容易不容易承认错误？真的很难讲。

表面上，中国人不容易认错，也不肯承认错误。实际上，中国人很容易认错，也知道有过失就要承认。但是，各阶层的认错方式，非但不一致，而且会因人因事而不同。

有错误就公开承认，容易引起错误太多、常常认错的错觉。更糟糕的是，常常承认错误，似乎并不认真，不过口头说说，心中根本缺乏诚意，大家更不容易谅解。除非很少犯错，才敢有错误就承认。有错误不承认，大家十分厌恶，对自己非常不利。最好的办法,依然是看情况做出不一样的反应。

2.王课长私底下指责张三,如果张三丝毫不让步,势必当场吵起来。万一声音大些就变成"顶撞",那就是一种"犯上"的行为。事实上,部属如果每一次都有理由,上司也会觉得他死不认错,一方面可能不再指出他的过失,一方面也可能不重用他,甚至有机会就要把他调离自己的单位。

张三心里明白,我如果没有过失,就用不着害怕上司指责。同时,是非、对错往往是相对的,谁敢说什么人绝对没有错误?就心理反应来看:部属抗辩,上司发现自己怪错人了,觉得没有面子,便会小题大做,赶快抓住小处大做文章,结果部属还是有错。相反,部属十分坦然,既不抗争也不承认,上司就会觉得奇怪,一个人犯错还会这么笃定,难道是我看错了?于是,他会进一步去了解,由于没有面子上的压力,他会忘掉小节,偏向大处设想,因而认为部属并没有什么大不了的错误。但是,大错没有,小错依然难免,上司骂几句,也是应该的,这时,心里会浮起一些歉意,所以开口说:"你既然没有错,为什么不吭声呢?"

真正引起王课长内疚的,是张三挨骂之后,回到工作岗位上,并没有发牢骚、生闷气。他那种若无其事,继续照常工作的行动,才是激发主管反省、抱歉的主要力量。

如果张三能够接受王课长并未直接明言的道歉,王课长就会在以后的日子里,用实际行动来补偿他对张三的伤害。中国人认为:实际行动比嘴上说辞要来得有效。

3. 李课长和王课长不同的地方,是他已经公开批评朱五和龚七,不可能私下了结。但是,要一位课长公开向部属道歉,理论上相当应该,实际很不容易实现。还有更糟糕的事实,有一位课长,强迫自己公开道歉,事后却斤斤计较于部属不能够在犯错时适时向他道歉,以致时时扮演法官的角色,逐渐失去上司应有的亲和力。

李课长不便公开道歉,又不能不适当地表达自己的歉意。于是,心生一计,用请客的方式,把有关的人聚集起来,在酒气菜色之间,表示向大家赔个不是。

上司请吃饭,可能有许多目的。如果明白说出来,大家就不必用心去猜测。不明言请客究竟是为了什么,大家用心打听,再经过"权威人士"的分析,当然心明眼亮,用不着公开宣示了。

4. 经理比课长大,愈大就愈不便认错。林经理和刘经理吵架,如果再坚持下去,有一天会传到总经理那里,大家不好看。如果林经理向刘经理道歉,理论上是修养好,实际上很容易造成"常常犯错"的观感,毕竟不是好事。

林经理知道自己理亏,拖下去会不利。倪课长很可能会自告奋勇,希望出面顶罪,让上司好下台。双方很快达成默契,由林经理当着倪课长的面,向刘经理说明自己错误的缘故,完全是倪课长说得不够清楚所致。刘经理当然也不愿意事态继续扩大,赶忙指称自己也有这种经验,事情弄清楚就好,过去就让它过去。

虽然看起来林经理并没有道歉,事实上他的行动,已经达成道歉的功能。有人担心倪课长受委屈,实在大可不必。林经理固然对倪课长心存感谢,刘经理又何尝不了解这当中的道理?倪课长肯这样做,只有好处,并无害处。有人关心:到底是谁的错,为什么不把它公开出来?中国人的习惯,把错误改过来,下一次不要再犯,比较要紧。至于是什么人的错误,只要大家心里有数,不一定要弄得当事人十分难堪,让他有改过的机会,从此不再违犯,面子也保持住,岂非更好!

假若我们坚持林经理既然错怪了刘经理,必须正式向刘经理道歉,才是君子风度,那么,林经理公开向刘经理表示歉意,却暗地里想尽办法,扯刘经理的后腿,甚至设计破坏刘经理,又有什么好处?

当事人愿意道歉,没有必要反对他这样做。当事人希望通过其他方式来表达歉意,我们也没有理由批评他的做法。一切顺乎内心的意愿,才见真诚,也才有功效。

5.陈董事长比林经理更高一招,他不拿任何人做替身，因为那样一来，他至少欠这个替身一个人情，势必又要想办法找机会还他。他施展看家本领，把死的说成活的。原本是骂错了，却指明那是故意这么做，别有用心。

大家对陈董事长的说辞，可能产生什么反应呢？很明显有两种可能，一为欣然接受，一为深恶痛绝。

如果董事长平日为人公正，而且和蔼可亲，凡事能为大家着想，有好处也会想到众人，那么，他不明白认错，大家也知道他已有悔意，趁这个机会，把鲁课长认真负责、表现良好说出来，实际上已经还他公道了。

这时候，大家会认同：董事长就是董事长，小错难免，只要不是恶意的，大家不必记在心里，更谈不上要他道歉。大家所持的理由是：董事长代表整个公司，就算错怪鲁课长，数落他几句，有什么大不了的事？

如果董事长平日私心很重，待人严苛，缺乏亲和力，凡事斤斤计较，有好处生怕员工知道，那么,他不明白认错,却强辩自己是故意的,大家心里愤愤不平,虽然敢怒不敢言,也会想尽办法,表达一下内心的不满。

这时候,大家会认为:董事长是公司的最高领导者,如果不能以身作则,以后有谁做错了还肯承认?今后对他所说的话,大概没有人会相信了。

◦ 说明 ◦

身份地位越高,越应该知道自己的缺失或弱点,以便及早补救,这是大家一致的希望。然而,身份地位越高,我们赋予他自由的范围也越大,他可以运用不同的方式来表达他的歉意。我们只有一个要求:赶快用心设法补救,千万不要坚持"错就要错到底"。

公司文化,是决定"以哪一种方式表达歉意"的主要力量,只要大家认同,便能够收到实际的功效。

真实的行动改变,比口头道歉要有力得多。行动胜过语言,光是嘴巴上道歉,不如表现在实际行动的变革上，这才是道歉的真正用意。

还有一种相当独特的"说到不死"的现象，值得我们深一层探讨。

有人说中国人经常不说实在话，我们承认这种事实。但是中国人不说实在话，并不代表中国人普遍存在说谎或欺骗的行为。我们时常为了不激怒对方，顾及对方的面子，以及表示尊重对方，才不说实在话，其动机很少是为了欺骗，因此说起这种不实在的话来，并没有欺骗的感觉。我们也不认为这是善意的欺骗，反而指称根本不是欺骗。

把话说得妥当一些，虽然不真实，却也不是欺骗，目的在求说到不死。预防对方不高兴或动怒，把必要的道歉预先化解掉，算不算是一种行动胜过语言的变形呢？

要则

1. 不要老是激怒别人以后再想办法道歉，而应该在行动或说话之前，多多思虑，妥为预防。不得罪别人,也就不需要道歉。

2. 万一考虑不周,得罪了别人,这时候是不能仅仅靠口头道歉就了结了的。最好想想办法,有没有什么实际行动,可以让不良的行为获得合理的补偿?毕竟行动胜过语言,更能够让对方谅解。

3. 中国人普遍不太相信对方的话,却十分相信自己的感受。行动所引起的感受,其效果要比口头说说来得好。以行动代替语言,往往有意想不到的功效。

第三章

沟通的真谛

中国人沟通有三大特色：一是有话不一定说出来；二是说出来可能含含糊糊；三是就算说得相当肯定，也不一定是真的。

中国人为求"立于不败之地"，一方面主张"事无不可对人言"，一方面则倡导"逢人只说三分话"。

中国话常常不能用听的，却应该用"看"的。"看他说些什么""看他怎么说"，乃是中国人常用的法宝。

导　言

中国人沟通有三大特色：一是有话不一定说出来；二是说出来可能含含糊糊；三是就算说得相当肯定，也不一定是真的。

把三大特色连接起来："有话不一定说，说得不清不楚，说得明白又不一定当真。"难怪常常把人气得死去活来。不过，中国人这样做，不见得完全没有道理。我们不妨把它仔细分析一下，把中国人这种"趋吉避凶"的作风，做一番合理的调整，以免大家越来越不明白，导致越来越难沟通的恶果。

中国人为求"立于不败之地"，一方面主张"事无不可对人言"，一方面则倡导"逢人只说三分话"。依据品管的概念，我们很容易了解，"事无不可对人言"如果是品管的上限，那么"逢人只说三分话"便是品管的下限。任何人沟通时站在"事无不可对人言"与"逢人只说三分话"的范围之内，权宜以求其通，十分安全。

"逢人只说三分话"是起点，一切条件合适的话，双方便可以加紧脚步，缩短彼此的距离，达到"事无不可对人言"的地步。万一条件不合，随时可以停留在安全限度内，确保立于不败之地。

三分话要说到不会死的程度，事实上唯有"说了等于没有说"，亦即"这三分还必须是比较不要紧的三分"，所以"不明言"常常是中国人用来点来点去的三分话。"点到为止"，不再多说的结果，常令人产生"为什么我说得这么清楚，他居然还听不明白"的感叹。

由于中国人擅长"不明言"，加上"中国话实在不容易听"，因此中国话常常不能用听的，却应该用"看"的。"看他说些什么""看他怎么说"，乃是中国人常用的法宝。站在不要听的立场来听，才不会一听就信。

中国人认为"天下无难事,只怕有心人",听话要用"心",不可专门用"耳",才是有心人。完全用耳朵听的人,很容易变成"耳朵轻",亦即随便听信小话,反而被小道消息所蒙蔽,并不是好事情。

用心看,主要看两样东西:一是说话时的脸部表情,一是说话方式。前者往往比言语本身更能表达内心的动态,而后者则帮助我们揣摩他的心理,包括说话的速度、说话的音调、说话的节奏等等,都应该"诚恳地用心看他怎么说",从而比较容易明白他的真正用意。

中国人最不容易讨好,也害怕人家讨好。所以人与人沟通的时候,并不是"常常说一些好听的话",也不主张"到处向人家说好话"。中国人十分注重制度,因为凡事有制度可遵循,才用不着逢人就低声下气说好话。

说一些好听的话,是纯粹的"情",事实上很难沟通,不容易达成预期的效果。站在制度的范围内说一些好听的话,才是"通情达理",比较方便找到合理的协议,可见制度的重要不容忽视。

有制度,却在执行时保留若干弹性,用来通情达理,看似不公平,实际上是"合理的不公平",值得大家共同来追求。

三大特色

个案:

王五问李乙:"你脚痛不痛?"

李乙回答:"差不多。"

李乙看见王丙,问他:"吃过饭没有?"

王丙答道:"哪里像你那么好命?"

王丙指责龚丁说话不算数,并且拿出录音笔要当面对质。

龚丁却毫不在意,指称录音笔录错了,因为他已经改变主意,而录音笔所录的,不过是改变主意前的意思。

请问:

1. 中国人为什么喜欢见面不谈正经事,专门说一些看似没有用的话?

2. 中国人答复人家的询问,为什么经常会出现含含糊糊的答案?

3. 含含糊糊,除了保护自己不受伤害之外,还有什么功能?

4. 为什么李乙问王丙吃过饭没有,王丙竟然回答"哪里像你那么好命"?

5. 为什么中国人说过的话,有时候可以不算数,并且不认为自己缺乏诚信?

分析:

1. 中国人沟通行为的第一特色,表现在"见面不谈正经事,专门说一些没有用的话,只要触及主要论题,大家就没有意见"。因为在我们的脑海深处,蕴藏着一个牢不可破的观点,那就是"先说往往先死"。聪明的中国人,避免对主要论题先行发表意见,以免自己站在亮处,遭受四面八方纷至沓来的打击，对自己不利。

就中国人的思考态度而言，世间一切道理，几乎都是两两相对的。任何事件，都可能"公说公有理，婆说婆有理"。先说的人，如果扯来扯去，说成两面道理，人家便批评他"抹壁双面光"（指为人圆滑、八面玲珑），根本没有立场；若是说成片面道理，大家只要存心叫他好看，马上把另一面道理说出来，保准令他招架不住，既难过又难堪。

同时，中国人的主观取向相当明显。多数人不是自己没有意见，而是随时准备妥当，要迎合主管的意见，谁都知道"搭乘顺风船"，要方便、快捷、顺利得多。先说的人，除非十拿九稳，可以获得主管的大力支持，否则输的概率很大，何必冒此风险？

避免"先说先死"的唯一办法，恐怕就是有本领"说到不死"。具有这种"怎么说都不会死"的人，当然可以有话便说，不但不怕先说，而且处处争着先说。但是这种人显然并不多见，所以大多数人，深知自己条件不够优厚，下跌的支撑点不够坚强,以致不愿意或者不敢先说。

还有一种"不怕先说先死"的人,觉得人生不过几十寒暑,死就死了,20年后又是一条好汉。这种性格的人,当然可以放心地先说。正反两方,总有一方会肯定他是勇敢的斗士。

大多数中国人,自问本领不足以"说到不死",而又缺乏刚毅的性格,那怎么办呢?不说话大家会暗地里骂他阴险,身处"不可不说,不可乱说"的夹缝,中国人除了"开口专说无关痛痒的话",还有什么路可走?

现在有一些人,不知道是忘记"先说先死",或是有意"我有话要说",经常喜欢先说自己的意见,以至于争得面红耳赤,最后把自己的前途都说掉了,终日怨天尤人,又有何用?

2.中国人沟通行为的第二特色,表现在"答复人家的询问,如果情况不够明白、语意不够清楚,就会答得含含糊糊"。因为我们的警觉性奇高,而且"爱占小便宜、怕吃亏"。任何情况,如果"不知是利是害",我们就喜欢用含含糊糊的回答来趋利避害。

询问一位中国人:"你脚痛不痛?"他立即提高警觉:"为什么问这种问题?"然后告诉自己:"在弄不清楚答痛有利或者答不痛有利之前,最好含含糊糊地答以'差不多',为自己留下进退自如的余地。"于是他开口便答:"差不多。"

3. 中国人也擅长用含含糊糊的答语来表示内心的抗议,却能够兼顾和谐的人际关系,收到"抗议却不让对方没有面子"的效果。中国人的隐私权是"可收可放"的,对自己有利的时候,何必斤斤计较于隐私权呢?

反过来说,中国人也常常运用一些含含糊糊的问题来旁敲侧击,获得有利的情报。见面时请教对方"吃过饭没有",多半不是想请对方吃饭。既然与吃饭并无必然的关系,中国人为什么见面时喜欢问人家"吃过饭没有"?因为有更深一层的探测对方"心情好不好"的功能。

中国人知道,要和人家沟通,最要紧的莫过于明白他此刻的心情是否有利于彼此的沟通。我们也知道，开门见山地请教对方："你现在心情好不好，愿意不愿意和我进行意见交流？"不是得不到真实的答案，就是被大家笑死。于是，我们也配合生活上的需求，用"吃过饭没有"来取代"你此刻心情如何"，希望获得一些信息。

4. 对方回答"哪里像你那么好命？"，我们便知道他此时心情不佳，不宜沟通。如果心平气和地回答"刚刚吃过"，或者"还早，我不习惯这么早用餐"，那么我们也就明白此时正是好时机，及早进行沟通。有些人认为自己正直，一切明说，结果处处伤人而不自知。说含含糊糊的话，未必表示不正直。只要秉持"我不扯谎，也不骗人，但是可以含含糊糊来保护自己和别人"的原则，正直而诚恳的人，照样可以运用含含糊糊的艺术来维护和谐的人际关系，并且达成有效沟通的目的。

5. 中国人沟通行为的第三特色，表现在"承诺的事情可以不认账，说过的话可以不算数，甚至面不改色地否认"。因为我们最清楚"形势比人强"的道理，"人在屋檐下，不得不低头"，所以当时会承诺，如今情势改变，干脆不认账。我们也知道，说过的话，就算用录音机录下来，我们都可以理直气壮地指称"录音机错了"，因为"我自己改变过来，录音带并没有跟着我改变，可见它只代表我以前的看法，并不代表我现在的观点"。

一提起这种特色，几乎所有的人都恨得咬牙切齿。然而痛恨别人是一回事，自己会不会依样画葫芦，又是另外一回事。

当自己身处"众寡悬殊"的情境，纵然自己再对、再有理，只要公然说出异议，不是被多数压下去，便是被视为叛逆分子，说不定就这样白白牺牲掉。有幸独排众议，而又居然脱颖而出，这一笔账也未必结清，所谓"不是不报，时候未到"，恐怕也包含这种情况在内。

于是，当众不表示意见，事后才强烈反对，或者当众表示支持，事后一概否认，便成为"权宜措施"的应变行为。站在自保的立场来看，应该是一目了然的。

◦ 说明 ◦

中国人具有以上三大沟通特色,所以和中国人沟通相当困难。不过,徒然抱怨、指责,根本无济于事。我们必须依据中国人的沟通行为,寻找相应的对策,务求达成圆满沟通的效果。

针对中国人的第一沟通特色,我们必须"谨慎地说出第一句话,以诚恳的语气来使对方放心,了解我们不会采取敌对或者让对方没有面子的方式来进行沟通"。这样,对方才会逐渐放松,终于无话不说,顺畅地彼此交流。

第一句话就引起对方的戒心,使他觉得自己可能会吃亏,或者可能会没有面子,他就采取躲避的策略,躲不开的时候,也会且战且走。一旦对方想"溜"想"躲",整个沟通的气氛不好,当然不可能获得圆满的结果。

正确的途径是:情势较好的人,先提出方向及大致的构想,然后让开一步,把空间腾出来,那些情势稍差的人,自然会说出各人的意见。情势较好的人，用"真诚听取"代替"咄咄逼人"，以"归纳众意"代替"我意已决"，比较容易顺畅而有效地沟通。

至于中国人的第二沟通特色，我们应该明白"中国话不是用听的，要用看的"，因而"不要专门听他的话"，却懂得兼顾"看他怎么说"。抓住中国人的"言外之意"，理解中国人含含糊糊的明确用意，才能够在含含糊糊的情况下获得清清楚楚的情报，并做出最合适的反应。

含含糊糊的背后，如果真有清清楚楚的用意，那么听不懂或者看不清的人，非但不可以指责对方，反而应该自己调整，用心体会含含糊糊的清清楚楚的结构，自然明白对方的本意。人家担心我们受不了，我们却丝毫不领情，责怪他说得不够清楚，岂不是辜负好人心？

作为一个中国人，最好努力培养自己的聆听能力。若是话都不会听，怎么能够达成圆满的沟通？对方说得太明白，我们就恼羞成怒；对方说得含糊，我们便怪他说得不够清楚。这种"只知道怨责别人,不知道自我检讨"的态度,根本不正确,不值得鼓励。

要破解中国人的第三沟通特色,说起来也很简单,只要一切求合理,不以多数压制少数,不用强势欺凌弱者,承诺的人就没有必要事后反悔,也就不至于不认账。

大丈夫能屈能伸,中国人的"屈伸性格"是天下闻名的。情况不利时,暂时委屈一下,等待时机转好,有利于我时,才能伸就伸,尽雪前耻,请问这有什么不对?

面对这样的大丈夫,我们最好不要无理要求,亦即不让他觉得受到委屈,那么他就没有事后伸张的必要。实际上任何沟通,都必须双方退让一些,委曲才能求全。然而,压迫对方接受委屈,对方强自忍受,事后必定大力反弹,以致片面毁约,都在所不惜。如果采取"尽量不让对方吃亏"的态度,对方自愿吃一点亏,反而容易有效达成协议。所以不必怪人家说话不算数,却应该力求自己合理善待人家。

要则

1. 中国人的沟通行为必须共同遵照"互相尊重,彼此承认对方各有50%的道理",然后"让情势比较不利的一方,先申述自己的意见",情势比较有利的人,公正地给予"合理的建议",双方才有圆满沟通的可能。

2. 大家都"站在法的范围内,各自衡情论理",以情为先,彼此尊重对方的意见,寻求合理的解决。实在无法达成协议,不得已才翻脸无情,依法执行。那是沟通破裂的权宜措施,因为以后会愈闹愈僵,终至难以收拾。

3. 凡是听不懂中国人的话、看不懂中国人行为的人,对中国人的沟通行为,都可能产生莫名的厌恶,甚至引起相当程度的反感,认为口口声声仁义道德,实际上却是既不诚恳,也缺乏应有的礼貌。我们应该深一层了解中国人的真正用意,一方面调整自己的态度,一方面了解对方的苦衷,以促进良好的沟通。

上下界限

个案：

王甲正在说明他对A供应商的看法，他说："我对A厂并没有什么深入的了解，只是觉得这么多年的交往，没有出什么差错，已经相当不容易。"

大家走开以后，王甲单独面对采购部李经理时，却完全改口，指称："我对A厂十分了解，他们的财务很困难，品质也不稳定，最好改向其他厂商采购，比较安全。"

后来李经理从别人口中得知，王甲在不同场合，所说的话似乎前后矛盾，便不客气地请问王甲："你对A厂的了解，到底有多深入？"王甲说："对其他的人，我不方便说，因为很可能会得罪人。但是对李经理不敢隐瞒，特别是牵涉到采购这种十分重要的事情，我当然不能不说实话，我真的十分了解。"

请问：

1. 中国人为什么普遍擅长同一人对同一事件，说出两种互相矛盾的话来？

2. 人与人之间，到底应该"事无不可对人言"，还是"逢人只说三分话"？

3. 人不对，要如何沟通？时不对，又该如何？

4. 能不能将"事无不可对人言"和"逢人只说三分话"这两句彼此矛盾的话，合起来用得恰到好处？

5. 这两句话，各有什么利弊？

分析：

1. 中国人之所以能够"立于不败之地"，主要在"同时说出两种互相矛盾的话"，使人找不到攻击点，无法击中要害。

我们主张"事无不可对人言"，理由是"大丈夫敢作敢当"，既然敢做，就不必怕人家知道。何况"天知、地知、你知、我知"，根本不可能长久隐瞒，把事实说出来，又有何妨？

然而，我们又主张"逢人只说三分话"，原因是"人心隔肚皮，知人知面不知心"，对人提防一些，总是没有错的。这三分还必须是不要紧的三分，所以说了几乎等于没有说，这样，才能够避免"祸从口出"，做一个"通达世故"的人。

看不懂的人，又要发牢骚了。如果"事无不可对人言"，怎么可以"逢人只说三分话"？如果"逢人只说三分话"，又怎么能够"事无不可对人言"？这不但是矛盾的，简直就是信口胡说。

2. 想一想"品管"的道理，便不难体会这两句矛盾的话，正好是品管的上下限。有些人指称中国人缺乏品管意识，那才真是胡说乱讲。

为了确保沟通的品质，我们分别设定它的上下限。"事无不可对人言"是"上限"，而"逢人只说三分话"应该是"下限"。

沟通的最高境界，是"充分交换意见"，必须双方都抱持"事无不可对人言"的态度，才能够圆满达成。但是，事无不可对人言，绝对不等于"一切都要说出来，丝毫没有保留"。所以尽管"事无不可对人言",还是要注意下限"逢人只说三分话"。凡是"不必说的,说了反而增加困扰""不该说的,说了反而阻碍沟通",当然不必说也不应该说。"无不可"的含义是"一切都可",包括"可以不说"。并不是不可以说,而是可以不说。

不必说不表示不诚实,因为我们并没有欺骗,也没有扭曲事实,只是某些部分不说,并没有影响到沟通的品质,甚至可以提升沟通的效果。

例如,双方进行商务谈判,其中牵涉到海运问题,恰巧我方对海运具有丰富的经验,请问"可不可以谈"呢?答案固然是"无不可",却显然偏向于"不必说"。因为对方如果不喜欢听,或者认为浪费时间而不愿意听,我们径自岔开,陈述自己的海运经验,是不是不恰当?会不会令人不愉快?

有些人喜欢在沟通进行中,把话题转向自己的私事,弄得大家啼笑皆非;或者一有机会,就吹嘘自己如何有办法,惹得大家无名火起,实在都是不重视沟通品质的管制,显出自己缺乏自我控制的素养。

不应该说也不表示狡猾，因为事实是这样没有错，但是牵涉到某些人的隐私，或者可能引起若干情绪上的不良反应，这就不应该说。不应该说而说，是一种"失言"。不应该说而不说，实际上是良好的修养，也是一种沟通的诚意表现。

3. 沟通必须注意"人""时""地"的配合。"人"不对，不应该说，说了反而惹是生非，增加沟通的困难。"时"不对，不应该说，这时候虽然得人，却由于他正在闹情绪，或者心不在焉，说了不但白说，还可能产生意料之外的后遗症，当然不应该说。得人、得时，而不在合适的地点或场合，还是不应该说。他本来情绪很好，也乐意和我们沟通，不料我们一说出口，当前的地点正好勾起他的怨恨或惆怅，如何是好？有时候因为第三者在场，也会引起他的不满，认为我们蓄意在第三者面前提起此事，简直存心出他的洋相。

人不对，说"三分话"已属太多，哪里能够事无不可对人言？人找对了，在畅谈之前，先说"三分话"，试探一下他的反应如何。或许我们看错人，这时候反应欠佳,还可以免掉一场大祸,幸亏我们只说了不要紧的三分。

人找对了,说"三分话"的效果也不错,彼此不约而同,看看地点或场合对不对。如果没有问题,恳切地谈下去。若是有些不便,易地长谈,那才是双方有默契的表现。

4.沟通的时候,以"逢人只说三分话"做投石问路式的探测,不断调整,务求达到"事无不可对人言"的境界,这正是体现沟通品质的具体做法。

"逢人只说三分话",既然属于沟通的下限,那么,这三分当然不应该触及重要的部分。关于这一点,双方必须有所共识,才不会引起误解。把优良的品质看成劣等,岂不冤枉?

首先,"逢人只说三分话"的人,保密性较高,一见面就把重点不分青红皂白地直泄出来,会不会令人想起"口无遮拦"这一句话?等到发现不应该说时,已经纸包不住火,想打住也无济于事了。

其次,"逢人只说三分话"是一种良好的职业道德。我们把金钱存在他那里,委托他代为保管生息。他毫不保留地说出来,请问职业道德何在?无意间闯出大祸又该如何?

5."逢人只说三分话"才不致招来祸害。自己身怀巨款,却毫不在意地说出来,万一遇到谋财的歹人,请问值不值得?那时候才想起"逢人只说三分话",恐怕已经来不及了。就算侥幸财去人安,大概也会抱憾良久吧!

事无不可对人言,是指所作所为,十分坦然。但是十分坦然的事,照样见仁见智,并不是任何人、任何时间、任何地点或场合,都可以公开宣示的。

"逢人只说三分话",如果是存心隐瞒,甚至歪曲事实,当然不是正当的行为。若是为了安全,为了有效沟通,非但不错,而且值得遵行。

◦ 说明 ◦

为了保证沟通的良好品质,我们最好具备下述三种正常的心态:

第一，彼此都从"逢人只说三分话"起步。进行顺利的话，可以双方加紧脚步，以缩短沟通的时间而争取时效。双方都要摒弃"讨厌对方见面只说三分话"，更不可以"自己只说三分话，却希望对方不说三分话"，存心叫对方上当吃亏。

第二，彼此都认真检讨"人""时""地"能不能配合，并且在肯定"人"不对时机警地打住，而在"人"对"时"不对的时候，另候良机，或者改变自己以符合对方的需求，共同审视"地"的因素，迅速决定"就地沟通"或"易地再谈"。这种调适，有赖于双方的互动，往往不是单方面所能够全部掌握的。

大家有此共识，知道良好沟通必须双方具有调适的诚意，那么互相退让以求适应，应该是轻而易举，而且也确实可以保证效果良好。

第三，彼此都要抓住重点，避免节外生枝。既然经过"逢人只说三分话"的尝试，证实彼此都找对了人，而且双方都有诚意，把时间、地点或场合很快调整过来，就应该"事无不可对人言"，直接把重点逐一沟通。但是,"事无不可对人言"既然是沟通的上限,也就告诫我们适可而止,不能够一路宣泄下去,徒然节外生枝,又生出一大堆问题,反而不利于沟通。

"三分话"要找到大家都能够接受的,事实上除了"说了等于没有说"的"废话"外,恐怕很难找到合适的话题。大家心理上排斥废话,看不起说废话的人,说废话时心里便不自在,于是干脆不说,而又无话可说,才演变成为今日到处可见的"要么相应不理""要么亲密无比"的两极现象,根本无法沟通。

相应不理是因为你不能说废话,而我也不愿意说废话,但是要紧的话又不能说,那怎么办呢?不说话就算了,大家都不知道说些什么才好,慢慢形成可怕的"疏离感"。

亲密无比的永远是同伙人或存心讨好的一群,他们不适合讨论,因为说出来的话是一致的。他们容不下不同意见的其他人,而又不愿意用"说废话"来尝试沟通,所以也无法和其他人沟通。

真正具有沟通力的人,应该站在"相应不理"和"亲密无比"的中间。以"事无不可对人言"来化解"相应不理"的尴尬与无礼,然后拿"逢人只说三分话"来节制"亲密无比"的盲目顺从与存心和稀泥。

凡事"过"与"不及",都不合理。见面不说一些应酬话,说什么呢?见面仅说应酬话还能够说什么呢?善于沟通的人,最好明白应酬话只是"逢人只说三分话"的试探行为,如何再进一步而又安全无碍,才是值得用心的课题。中国人由"逢人只说三分话"到"事无不可对人言"的历程,可长可短,重要的因素,悉在"情"的交流,所谓"精诚所至,金石为开",一点都不虚假。

交浅不言深,交情不够,最忌单刀直入、开门见山。但是,当交情够的时候,还不直说,那就很可能"失人",平白失掉了辛辛苦苦培养得来的朋友。

实施的原则十分简单,便是"站在不要说的立场来说",以免乱说,以免说得伤人或害己,才能确保品质,说得恰到好处。中国人为了"不可不说,不可乱说",着实煞费苦心。先想"不说可以不可以",再思考"怎么说才能兼顾沟通的上下限",这是品管的良好态度。

> **要则**
>
> 1. 很多人喜欢同时说两句互相矛盾的话,但是嘴巴只能说出其中的一句,另外那一句便只好放在腹中。会听话的人,必须同时把这两句听出来,合起来想才不会出差错。
>
> 2. 通常说出来的那一句话,大抵当作参考。而听不见、藏在说话者腹中的那一句,才是真心话,要特别小心。当然,有时候刚好相反,必须自己用心斟酌。
>
> 3. 两句互相矛盾的话,如果把它当作品管的上下限看待,可以保证沟通的品质,合乎要求的标准,就是无"过"与"不及",比较容易掌握到合理的地步。

要用看的

个案:

王某向总经理报告:"刘老板送我1万元红包,我没有收。告诉他只要价格实在、品质合乎标准、如期交货,我们一定会购买他的零件,用不着讲究这一套礼数。"王某年轻又诚恳,末了又特别请示:"我这样做,不知道对不对?"

总经理拍拍他的肩膀,欣慰地告诉他,这样做很对。一个人廉洁自持,不贪非分之财,显得格外清新可爱。从此总经理对王某更加器重,把采购工作交给他,也觉得相当放心。

李某也向总经理报告:"朱老板送我1.5万元,我当然拒收。像朱老板这样的人,我们以后还是少跟他来往为妙。"

总经理笑笑,说:"不收他的红包就是了,何必拒绝往来呢?"

请问:

1. 很多人觉得中国人没有一定的标准,似乎爱怎样便怎样,根本没有一套共同遵循的游戏规则。像总经理这样,对王某是一种说法,对李某又是另一种观点,究竟对不对?

2. 为什么中国人常常喜欢"看"他怎么说,却很少要求"听"他说什么?难道话是用"看"的,而不是用"听"的?

3. 要"看"他说什么,究竟怎样才能"看"得明白?

4. 说话的表情,可以看出说话者的心理吗?

5. 总经理这样判断,安全吗?会不会因为误判而造成后遗症?

分析:

1. 如果询问总经理,是不是因为王某的报告和李某不一样,就断定王某是真实的,而李某则很可能是编造的,总经理大概会如此回答:"那倒也未必!"

王某的报告，有两种可能性。一种是真实，刘老板真的送给他1万元，而他也据实向总经理报告。另一种则是虚构的，刘老板并未送任何红包，王某编造这个故事，目的在表明自己的诚实可靠，使总经理更加相信他，放心让他承办采购业务。

李某的报告，同样有这两种可能性。只是他和王某不同，在报告朱老板送礼之外，更提出不跟朱老板往来的建议。

总经理是不是听到李某不跟朱老板继续往来，才表示这种事用不着看得太严重？总经理的答案，想必也是："那倒也未必！"

那就怪了！既不是从听到的话来判断，又不是对人有成见，总经理所依凭的，究竟是什么？因为总经理的决定，是"看"出来的，不是"听"出来的。

2. 中国人常说"看他怎么说"，很少说"听他怎么说"。话怎么用"看"，而不用"听"呢？这当中确实有一些奥妙。

"这种话你也会听？"因为话可以胡乱说，不可以随便听。有些人一听就相信，结果常常上当吃亏,就算怨天尤人,又有何用?

话不能听的意思,并不是所有的话都不要听,却应该遵照中国人的行为总则,从"不"开始。也就是"站在不要听的立场来听",才不会乱听,才能够听得恰到好处而不吃亏。中国人不太听话,原来相当有道理。只是千万不可以过分,否则什么话都不听,变成"站在不要听的立场来不听",那就是"为反对而反对",结果往往吃大亏。

完全不听不好,完全听也不好。中国人用"看"来辅助,所以说"看他怎么说"。这样一来,既听他的话,又看他说话的样子,综合判断,才可以决定信或不信。

中国人比较注意隐藏自己,使对方摸不清自己的动向,以求立于不败之地。我们的行为比较含蓄而不容易掌握,因此特别要"看"重于"听",亦即"看他说什么"比"听他说什么"更为重要。

3. 怎样"看"呢?主要看两个方面,一是说话时的脸部表情,一是说话方式。

脸部表情往往比言语更能表达内心的动态,但是想从脸部表情看出对方的心理实际上并不简单,最要紧的是看他的眼睛。人的五官之中,眼睛是最敏锐也最诚实的一种感官。《孟子·离娄篇》说:"存乎人者,莫良于眸子。眸子不能掩其恶。胸中正,则眸子瞭焉;胸中不正,则眸子眊焉。听其言也,观其眸子,人焉瘦哉!"(观察人的邪正,没有比观察他的眼珠更好的了。眼珠不能遮掩他的恶念。心念正,眼珠就明亮;心念不正,眼珠就昏昧。听了他的话,再观察他的眼珠,人的邪正,哪里隐藏得住呢?)

视线的移动,也是很好的线索。说话时有没有隐瞒,男女的视线有些不同。隐瞒的话,男性会不敢正视,女性却反而凝视对方。

脸部的肌肉,特别是眼睛和嘴巴周围的表情,更明显地表现出说话的本意。一般说来,欢喜的时候,我们会下眼睑上扬,眼角显露皱纹,并且张开嘴巴,露出上面的牙齿,嘴唇向后方伸展,上唇扬起,甚至下颌有些颤抖。愤怒的时候,我们会眼睛睁大,两眉聚拢,鼻翼扩张,嘴巴拉长拉宽,露出下面的牙齿,并且嘴唇两角下垂,使劲向前凸出下颌。悲哀的时候,我们会部分或全部闭上眼睛,两眉聚拢下垂,鼻变得细长,嘴巴张开弯曲,而且嘴唇两角下垂,甚至下嘴唇有些颤抖。恐惧的时候,我们会眼睛张大,眉毛上扬,鼻翼扩张,嘴巴张开,嘴唇两角下垂,下颌则完全固定。而厌恶的时候,我们也会眼睛比平常稍细,双眉微皱,鼻翼向两旁扩张,嘴巴上扬,而且嘴唇两角下垂,下唇凸出,甚至下颌也上扬起来。

上司同样说一句"你看着办吧",部属如果不看他的表情,谁敢断定他究竟是什么意思?愤怒的表情,表示"我希望你提高警觉,顺着办比较好";厌恶的表情,表示"反正没有希望,你自己看着办就算了";高兴的表情,表示"你的意见很好,看情况自己处置就是";悲哀的表情,表示"事到如今,一切都已完蛋,你看着办吧,反正没有什么差别";而恐惧的表情,则可能表示"事情危急,你比较清楚,用心看着办,因为我也不敢做什么决定"。

4.依据说话时的表情,可以看出他的心理。我们和别人在电话中交谈，虽然不是面对面，看不见对方脸部的表情，但是我们也能够从对方的语调中，想象出对方的心情，正是此理。

首先，要注意说话的速度。如果知道某人平日的说话速度，那么他突然慢下来，就表示他心中怀有不满；若是忽然加快，可能在说谎，或者心中怀有愧疚。平常沉默寡言的人，忽然话多起来，并且显得很不自然，那么，他的心中多半隐藏着某些秘密。

其次，要留意说话的音调。一般人说谎时，由于害怕事情被揭穿，音调会不由自主地提高。同时，为了反对他人的意见，也可能提高自己的音调。

再者，说话的节奏也很重要。具有信心时，节奏比较顺畅；缺乏自信时，常常会话说到一半，就张口结舌打住了。如果提早做结论，便是恐怕对方提出反驳。李某向总经理报告朱老板送红包，又提出以后拒绝往来的结论，很可能要造成总经理除此之外，别无选择的错觉。

喜欢复诵说话者的言辞，表示自己一直在注意听;一边听话一边点头,表示全神贯注,心无旁骛。自问自答的人,多半相当顽固;既不肯定又不否定的人,往往具有神经质。

5.总经理的判断,当然有两种可能:一种是正确的判断,不会看错人;另一种则是误判,看错人,甚至冤枉好人。

要做出这一类的判断,最好提醒自己:每一个人的观念都不太一样,必须平日多沟通,促进了解,把对方的价值观和人生观摸清楚,然后再来评断,通常比较正确。否则把坏人当成好人,将好人看成坏人,不但总经理自己吃亏,而且会引起组织成员的不安,影响到整体的发展。

◦ 说明 ◦

中国人的警觉性普遍很高,因此有人怀疑脸部的表情可以隐藏起来,而说话方式的表情也可以作假。老于世故的人,大家很难从他的眼睛看出任何表征。所以若非经过多次观察,最好不要轻率地加以判断。

我们常说"人是旧的好",便是旧人相处得久,一切习惯都大致明白,比较容易看出变化,也就比较放心。新人相处不久,彼此互不了解,要看他怎么说,事实上和听他怎么说同样困难。

尤其"逢人只说三分话",有时这三分还是比较不重要的部分,那就更不容易捉摸了。"事无不可对人言",他之所以"逢人只说三分话",并不是想欺骗,也不是想隐瞒,而是"可以不说就不说,不应该说更不可说",以免"先说先死",说起来并无不对。我们不必责怪他,事实上责怪他也没有用。只有以诚恳态度对他,让他觉得"这个人可以说实话",他就会"事无不可对人言"地一五一十说得明白清楚了。

可见听他说什么,以及看他怎么说,都要以诚为本。待之以诚,对方说什么,我们都比较可以相信。出之以不诚,对方同样会觉察,因而也以不诚待我,这时无论如何善于"听"话、精于"看"话,恐怕也难逃被骗的厄运,所以我们最好采取"诚恳地看他怎么说"的态度。

听什么？听那一句听得见的，已经发出声音的话。这一句话的目的，通常只能够当参考用，所以不必多听，也不能尽信。

看什么？看那一句听不见的，并且没有发出声音，也就是根本没有说出来的话。通常摆在腹中，比较可靠。

> **要则**
>
> 1. 听那一句听得见的话，赶快看另外一句听不见的话，把两句话合在一起想，寻找出合理点，然后做出反应，通常比较妥当。
>
> 2. 听话比较容易，而看出那一句没有说出来的话，称为"揣测"，比较困难。看得准的人，一般就是会听话的人士，大家都很佩服。
>
> 3. 过分喜欢猜测，容易掉入圆滑、狡诈的陷阱，必须特别谨慎。猜测到合理的地步，才有资格成为正人君子。不能不猜测，因为防人之心不可无。不可以过分猜测，因为害人之心不可有。

不说好话

个案：

公司规定，去国外出差可以预借差旅费，用意在减少员工垫付的费用，乃是一种安人的良好措施。

王君好不容易盼到有一次出差去美国的机会，掩饰不住内心的喜悦，小心翼翼地请教可以借支的金额，办好手续，拿着预借的钱，结汇成花旗银行的美元旅行支票，真是满怀感激，忍不住心里高呼：公司万岁，老板万福！

王君如期返回公司，一方面写报告，一方面谈观感，却也不忘记结报出差费用，扣除前借，还有一些剩余，请三五同事上小馆子，趁机吹嘘一些报告写不出来的见闻，亦是人生一大快事。

李某身居要职，经常海内外飞来飞去，除非像南极、北极或者太空这一类公司业务达不到的地点，否则出差国外，并不新鲜，也就显得平淡无奇。他交代助理办理预借手续，回来后却迟迟不把开支的单据拿出来，使得助理无从代办结报，他自己又天天忙碌，以致一拖再拖。财务部门看到他有借支无结算，实在头疼。

眼看着日子一天一天过去，李某的差旅费，却是有借无还。尽管财务部门三番两次地好言相催，总是一句"忙啊，没有时间"，就这样拖下去，好像永远没有结局。

类似的情况，实在屡见不鲜。要借用的时候，客气得很，归还时似乎你急他不急，再三催促，有时还显得颇不耐烦。一般说来，愈是高阶或者要职，愈有这种倾向。说他有意利用特权，他一定满口否认。但完全没有特权的念头，好像并不可能。

请问：

1. 这一类事宜，是管理问题吗？中国人的社会，重不重视制度呢？

2. 公司为什么规定国外出差可以预借差旅费？同样的规定，对王君和李某为什么产生不一样的后果？

3.一切制度都应该定得十分周密吗？做得到吗？

4.公司刚成立，或者刚开始遭遇到国外出差的事宜，要不要同时明定借支差旅费和逾期不结报的扣抵办法呢？

5.实在无法沟通时，财务部门有什么办法可以解决逾期不结报的问题？

分析：

1.严格说起来，这一类事宜，不应该属于"管理"问题，应该更明确地归入"制度"问题。但是制度也是管理的一大要项，所以说是管理问题，亦无不可。

有人认为中国式管理似乎不重视制度，其实这是一种误解。凡是管理，不可能没有制度。不过中国式管理，明白"管理不可以无制度，然而制度化的管理却不是良好的管理"。因为有许多地方，不能切合人性的需求，也就无法达到人性化管理的效果。

2.公司规定，国外出差可以预借差旅费。我们不难了解，预借的理由是奉派因公赴国外地区出差，而预支的金额，则依据出差的地区和期间，给予概略的估算，规定可以预借的数额。这样的规定，对王君来说已经十分完备。他依照规定借支，又很快结报差旅费。王君和财务部门都觉得方便而且愉快，似乎没有什么不妥当的地方。

然而，对李某而言，这样的规定就显得软弱无力。他要借支差旅费，相当方便。财务部门要他结报差旅费，必须常常说好话，实在非常不合理。

财务部门能做些什么呢？催他，他不理。扣他的薪资，又苦于依法无据。向上级报告，未免小题大做，同时也表现自己无能，连催促结报差旅费这等小事都做不好。当面或者打电话骂他，万一他恼羞成怒，反骂过来，大家会不会支持财务部门，也是未定之数。算来算去，只剩下一条路可走，那就是"说好话"。几番拜托，请求都不能奏效，又将如何？

假若当时规定，出差后一个星期或者10天以内，必须申报差旅费。若是逾期不报，财务部门可以径自从出差人的薪资款项中扣抵,一个月扣不完,就连续扣几个月,扣完为止。金额大的,甚至还可以加扣利息。那么,财务部门有法可依,就用不着说好话了。

3. 制度周严,可以减少很多管理上的麻烦,增强很多管理上的效果。但是并不表示一切制度都要定得十分周密,才能够拿出来实施。因为这不但不可能,而且也会产生某些反教育的效果。

公司刚刚成立,就抄来一大堆制度,根本缺乏实质意义。例如公司的出差事宜,若是完全限于国内地区,出差规定中却明定出差国外的种种办法,请问会不会引起大家的怀疑,究竟是为谁定的?会不会有人引用有关出差国外的办法,提出国外出差的申请呢?

没有事实的需要,凭空创立制度,是不是妥当?如果拿"前瞻性"做借口,那么我们要不要将有关出差月球的条文也列入现有的制度中?可见前瞻性的"前",并不是没有限制的一味向前。

公司内只有老板一个人需要出国考察或推展商

务,有没有必要列入制度?还是当作个案处理比较好?假若列入制度,大家会不会认为"原来是为老板而定,难怪那么优厚"?会不会有人也想出国,如果没有获得批准就会在背后议论纷纷?

这时候固然有此需要,却显然只限于特定的人,甚至有意限制在特定的少数人,我们多半会专案办理,不使其大肆张扬,以免节外生枝。制度一方面要符合实际的需要,一方面也应该考虑必要的用意。专案办理的用意,很明显的就是不希望把它变成通例。

凡事有了开端,等于面前出现了一条缝。大家等待和推挤的结果,自然会扩大裂痕,逐渐由一个人变成一小圈人,然后推及特定的某些人,再扩大为有此需要的人。

出差国外也不例外,由于资金较为宽裕,风气日趋民主,也由于出差费用相对于带来的利益,显得愈来愈便宜,公司开始将出差国外的办法列入制度,使大家知道,只要有必要,就可以依此而行。

4.刚刚开始的时候,要不要同时明定借支差旅费和逾期不结报的扣抵办法呢？我们认为不可能也没必要。不可能如此，是因为任何制度，不可能在创立之初，就想及种种可能发生的后果，并且逐一把它制定在制度中。没必要如此，是由于任何制度，都有利有弊。公司一开始就想到出差人会久久不结报差旅费而明定扣抵的办法，便是我们时常批评的"防弊心态"。如果"防弊重于兴利"，大家会产生一种"处处把大家当作坏人"的反感。

如果出差人都像王君那样，回国后迅速办理差旅费结报，那么公司用不着规定得那么不近人情，好像大家都靠不住，想占公司的便宜。事实上借支的数目有限，未必每次都超过支付的金额。

就算出现李某的拖延事件，公司也不一定马上修订制度，增加扣抵的条文。财务部门可以把它视为专案，用特殊的渠道和方式与之沟通。财务主管如果处理得当，说不定还会受到这位要人的赏识，在老板面前多多美言，岂非因祸得福，把烦恼变成意外的快乐？

5. 实在无法沟通，财务部门可以在会议以外的场合，向人事部门提出建议，希望增加扣缴预支差旅费的条文。让人事部门伺机请求老板，以免显得唐突而怀有敌意。

老板如果有办法劝告李某改善，问题迎刃而解。财务主管还要向李某说明事实上的困难，并且感谢其帮忙解决。老板答应增列条文的建议，一旦获得通过，财务部门有法可据，自然可以依法办理。同时大家也了解人事部门和财务部门的苦衷，而李某也会因为老板的支持而减少对财务部门的不合作。

就算条文增列，财务部门有法可据，也不可以未经沟通，便依法扣抵。因为这种本位主义作风，会使得大家很不谅解，认为财务部门实在缺乏人情味。

有法可据，财务部门仍然应该通过适当沟通，以求圆满解决。沟通的时候，当然要客客气气，不过却不必说好话。说好话会有"求人"或者"讨好人"的味道，这是不必要的。有礼貌、措辞委婉、态度客气，却不必求人，也不需要讨好人家。

说明

在依法办理之前,进行必要的沟通。沟通的方式和次数,免不了视对方的身份地位而有所不同,此乃人之常情,用不着我们过分唱高调。因为这并不表示不公平,应该当作"合理的不公平",比较公允而切合实际。

沟通之后,对方立即办理结报手续,皆大欢喜。若是仍旧拖延不报,财务部门实在也没有必要把他的薪资全数扣除,让他体会拿不到一文钱的滋味。不妨先扣他半数或三分之二的月薪,希望他赶快结清差旅费,以便领取正常的薪资。如果依然无效,次月再全数扣除,由于仁至义尽,就算对方恼羞成怒,大家也不会觉得财务部门咄咄逼人,丝毫没有人情味。

实际上,会拖的不过是个别人。财务部门可以个别处理,当成偶发事件来看待。换句话说,用比较轻松的心情来处置这些积欠的案件,应该会舒服一些。

制度备而不用,执行时稍微宽松一点。这种原则,用之于跟个人切身利害关系密切相关的事宜,特别是人事和财务,往往会收到意想不到的效果。

宽松的程度并不一致,这也是容易引起争议的地方。但是,不谈人性化管理则已,要谈人性化,就不能够像切豆腐那样,一刀切下去,切成一条直线。表面上看,那是一视同仁,仔细想想,那根本是假平等,齐头式的公平。有人说小企业可以这么办,大企业会忙不过来,这种说法乍听起来有道理,实际上也是随便说的。规模再大,拖延的总是那几个,看着办就是。主要精神在于:有制度可依循,用不着说好话。

要则

1. 说好话的目的与说妥当话不同。前者生怕得罪对方,不得不勉强自己说一些好话,恳求对方给我们一条生路。含有讨好对方的味道,并不是一种好办法。后者则是让对方听得进去，有助于良好的沟通。我们应该多说妥当话，少说好话才对。

2. 不得已必须勉强自己说好话，这时候要从制度着手，设法加以合理的修订，使自己有法可依，不必再说好话，才是彻底解决问题的有效途径。

3. 有制度可以依循，却不立即依法处置，先以好话来促使对方自己改变态度，也就是自动讲理。这种好话并不影响事情的顺利进行，不致因情害理，反而有由情入理的好处，我们并不反对。

第四章

人我的分寸

人我之间,如何拿捏适当的分寸,的确相当困难。我们的做法,似乎可以归纳为四大原则。分别是:弄清楚对方是谁、小心才不会上当、凡事求自己合理和当心"程咬金"系统。

人我之间的分寸,并没有固定的模式或标准,可以说是"因人而异、因事而异、因地而异、因时而异",是"变动"的。首先弄清楚对方是谁,小心翼翼以免上当,然后自求合理,并且考虑可能产生的"程咬金"系统,比较安全而合理。

导　言

人我之间，如何拿捏适当的分寸，的确相当困难。我们的做法，似乎可以归纳为下述四大原则：

弄清楚对方是谁——中国人认为"有人才有事"，而且"事在人为"，很不容易"对事不对人"，却常常把人和事连在一起。每听到一句话，如果不找出是谁说的，有时实在分辨不出它究竟是对的还是错的、是真的还是假的。我们喜欢问"谁说的？""谁决定的？""谁做的？""谁告诉你的？"，几乎都和对方的身份、地位有关，可见弄清楚对方是谁，乃是拿捏人我之间分寸的第一步。

中国人比较偏向"差别性待遇"，以不同的标准来对待不同身份的人。这种"老吾老以及人之老,幼吾幼以及人之幼"的"推己及人"精神,表现在关心"是谁",应该相当合理。

小心才不会上当——我们有时会专门笑那些被骗的人,所以大家才会互相告诫,小心不要上当!一方面鼓吹"不二价",一方面却又大声疾呼"货比三家不吃亏"。而事实上,我们更相信后者,并不轻易接受前者。

凡事求自己合理——小心不要上当之外,凡事还要先求自己合理。我们十分重视典章制度,却明白典章制度容易僵化而不合时宜,因此在典章制度的范围内,多半喜欢权宜应变,以求其通。什么叫作"通"呢?标准在"合理"。合理变通,一切合理解决,乃是大家愿意看到的事实。

中国人向内求,叫作"反求诸己",意即"要求他人合理之前,先求自己合理",以自己的合理来感应他人,使他人亦能合理,便是"彼此、彼此"的"交互"作用。

自己不合理,却希望他人以合理待我,结果经常不理想,这时怨天尤人,也是枉然。自己先求合理,再来期望他人以合理待我,应该是合理的态度。

当心"程咬金"系统——西方人在正式组织之外,有非正式组织,中国人在正式、非正式组织之外,还有"程咬金"系统,常常出其不意,从半路中杀出来,而且杀伤力极强。如果在考虑正常系统之余,还能够兼顾"程咬金"系统,办起事来自然安全得多。

中国社会,人际关系比较繁杂,在"你与我"之间,"他"或"她"的干扰,影响也很严重。我们除了顾虑看得见、想得到的"你、我、他"之外,还得小心看不见、想不到的"你、我、他",也就是我们常说的"程咬金"。所以顾虑周到,便成为中国人拿捏人我之间分寸的必要条件。

人我之间的分寸,并没有固定的模式或标准,可以说是"因人而异、因事而异、因地而异、因时而异",是"变动"的。首先弄清楚对方是谁,小心翼翼以免上当,然后自求合理,并且考虑可能产生的"程咬金"系统,比较安全而合理。

弄清楚对方是谁

个案：

老李听到有人说他做错事情,他不忙着查看到底有没有错误,却比较关心:"是谁说的？"

假如说的人职位比较高,他会采取这种反应:错了就承认,没有错则保持静默。

如果说的人职位和他一样高,那他会积极找对方的错,以便证明:我固然有不对,难道你就真的全对？

一旦发现说的人职位比自己低,多半会有意无意,把一只脚踩在说话的人头上,不踩死也叫他永远不得超生！

请问：

1. 中国人普遍没有是非观念吗？为什么不能够有错即承认,没有错误便申诉呢？

2. 中国人为什么对"谁说的"那么在意？

3. 对面子问题特别重视，就管理的角度来看，可能产生哪些影响？

4. 如果部属发现自己没有错误，便据理申诉，你觉得如何？

分析：

1. 依据个案所叙述的情况，中国人看起来真的是没是没非了？事实上绝非如此。我们且用模拟法来分析说明。

在社会上，遇见人家说我有错误，我如果先仔细查核一下，发觉我并没有错，于是据理力争，提出申诉。我的上司会不会接受我的申诉呢？当然多半会接受。因为事实毕竟是事实，不容任意抹杀的。但是，如果是我的上司说我做错了，而经由我的申诉，他发觉我并没有错，是他自己看错了。他一方面接纳事实，承认我没有错误；另一方面则由于他身为上司，竟然失察，把原本没有错的看成错误，因此觉得相当没有面子。

我的上司因为看错了而觉得没有面子，这时最要紧的,便是设法找回面子。他会十分老练地以"最聪明"的方式来找回面子:专心一意地找我的差错,只要被他抓着了,他的面子便全部回来了。

人非圣贤,孰能无过?上司一心一意找我的差错,我真的插翅难逃,当然迟早会被他逮个正着。

2. 在社会上,遇见人家说自己有了错误,很多人不忙看事实,先问:"谁说的?"

人家告诉我是老板说的,我一看根本没有错误,但是顾及他是老板的身份,不要让他觉得没有面子,我保持静默,一句话都不讲。

那不是背黑锅吗?没有错也承认错,敢情是怯懦吧?都不是。因为老板也好,上司也好,都具有一种心态,当他指责我有错误而我居然不讲话时,他就会觉得奇怪:"这个人怎么搞的?我说他错了,他竟然不说话。"

只要他觉得奇怪,他就会进一步去了解,结果发现我并没有错,而是他自己看错了。不过,由于是他自己主动发现的,他不会认为没有面子,因此他会叫我过去:"你没有错,要讲呀!为什么不讲呢？"他嘴巴上虽然如此说，心里却怀有相当的感激，因为我没有让他没面子，所以满怀好意，对我十分客气。

这时候，我如果说"是啊，我本来就没有错！"，于是双方对抵，互不相欠，我什么好处都得不到。

如果我懂变通，我会这样回答："有啊，我多少有些不对！"那么我的好处必然不少，有时竟会连升三级。

为什么大家都同样努力，有的人却平步青云，节节高升？我们最好不要埋怨，因为有的人的确有"中国功夫"！这些"功夫"会不会影响制度的正常运作？我们不敢说全然不会，却要愿意指出：人原本就是人，凡人都有情绪的起伏，不可能完全是理智的。管理者是人，他必然有印象、好恶等主观因素。而这些因素，对中国人来说，事实上影响更广泛些。

3. 中国人爱面子，从好的方面解释，乃是重视荣誉的表现，没有什么不好。管理上的若干措施，之所以能够收到相当效果，关键在于人有荣誉感。否则奖他亦无所动，惩他也无所感，请问奖惩又有何用？

爱面子从坏的方面解释，则是爱慕虚荣。严重的情况，往往导致爱面子爱到不要脸的地步，那就是本末倒置。"面子"是"情"，"脸"则是"理"。中国人讲情理，是以理为本，视情为末。换句话说，必须爱面子爱到不丢脸的限度，不丢脸就是合理，爱面子爱到合理的界限，才是合情合理。

重视荣誉是人之常情，更是促使员工有所行动的重要动机之一，如果正常鼓励，应该有利而无弊。但如过分爱面子，爱到不要脸的地步，便是爱慕虚荣而不切实际。中国人常说任何事情都不可以过与不及，可见合理的爱面子才属正当；一旦过分，害处之多，为害之大，便不是三言两语所能说尽的。

孔子说："唯仁者，能好人，能恶人。"（只有仁人能够爱人爱得对，能够恶人恶得对。）管理者的好恶，只要合乎正道，亦即好恶的标准正当合理，好恶本身，是免不掉的人情之常。

4. 部属没有错,即据理申诉,上司因而觉得有失面子,这种好恶,合乎正道吗?我们且分四个层次来分析。

第一,上司有意颠倒是非,存心把部属没有错误说成过失。这种情况极少出现,因为是非终究有水落石出的一天,存心颠倒是非,到头来造成上司自己的不实记录,更加难看。极少数走上短兵相接的局面,足证上司与部属之间,已臻水火不能相容,此时纵使申诉,又有什么实质作用?奉劝身处此种困境的部属,能走即走,不能走忍耐为佳,还是少申诉为妙。

第二,上司是个十足的迷糊,是非分不清楚,有时以是为非,有时却以非为是,偶尔亦有是非分明的时刻。反正一切都属"偶然",那部属有什么申诉的必要呢?你说得再对,他都可能斥之为非,多费口舌,于事既然无补,不如安静下来,尽量去做善事,以求积存功德,能够经常碰上"是"的偶然,岂非更切实际?

第三,上司是非分明,因为太分明了,以致刚愎自用。我凡事精细,经过再三查证,才分辨是非;一旦分辨出是非,大家就不必多言,再说多少话我都不会更改原有的判断。遇到这样的上司,部属申诉,有没有用处?恐怕只是弄得面红耳赤。上司既然死不认错,部属做得再多亦是徒然。

第四,上司无意颠倒是非,不是迷糊,而又不自以为是,那么,他只是无意犯错,把没有错误判成有。这种无心的过失,是应该谅解的。我们没有必要乘人之危,让无心错怪的上司难堪,所以用沉默来表示他有错误,使上司有自动察觉的机会,而自动校正。

○ 说明 ○

中国人不欣赏"表面心理",因为它比较粗浅。我们都比较倾向"深层心理",一层一层地剖析,可见功夫不是"盖"的。中国人对人类心理的掌握,委实独步于世,只是我们一向不喜欢明言,所以大家行之既久,反而不明其理。

申诉的态度很重要,严厉一些,就成为"顶

撞",这是主管最难忍受,也是对部属最为不利的。缓和一点,那要缓和到什么程度才算数呢?对李上司而言,已经够缓和了;对马主管来说,又嫌声音太大,态度不好,那该怎么办?干脆不申诉,就没有什么缓和不缓和、态度好不好等问题。真的不申诉,岂不是连自己都摸不清楚对与错,大家和稀泥,那还得了?于是我决定,有错误时勇敢承认,这时绝不致顶撞上司,也不会牵涉缓和不缓和,更不可能被指称态度欠佳。没有错误时,静默不语,在安然中表示自己并没有错,等待上司自己去发觉,是他看错了,我并没有错。以最柔弱的方式表现最坚强的申诉,乃是万无一失的方式。

上司如果不自动做进一步查核,是上司的错。他存心如此,部属"鸡蛋碰石头",纵使据理力争,亦是得不偿失。他不懂得为上司之道,部属也没有教导他的责任,因为任命上司的人都可以忍受,部属有什么不能忍受的?

既然如此,为什么对同等职位的人,却采取不同态度,务必积极找他的过失呢?这不是面子问题,也不是心胸狭窄的象征。他怎么说也是我的同事,发现我有差错,何不当面规劝?如果当面告诉我,我可能一时不高兴,只要他说的是真实情况,出发点又为我好,我终究会心生感激,哪里还会怀恨在心?现在他发现我的错误,当面不说,背后到处去说,才传到我的耳朵里。我追问之下,方知原来是他说的,怎么能够怪我不高兴?对付之策,也只有全力找他的差错,照样宣扬一番,叫他尝尝同样的滋味。

对职位较低的人,通常会没有顾虑,而且有"当年别人教诲我,如今我也应该教诲别人"的"使命感",很容易变成理直气壮的借口,整他一下,让他明白做人的道理:有话最好当面建议,不要背后胡扯。

这是孟子"上司、部属主敬",而且要"彼此责善"的原则,无形中成为一种巨大的社会约束力;上司部属之间,互相尊重,都不会令对方难堪。但是,有错须当面沟通,不要拐弯抹角。不过,权变必须得宜,才是变而能通。我们常说"守经达权",运用原则是经,按照通用原则视个别情况去调整,即是变通。先问清楚是谁说的,再做定夺,这就是一种"经",如何应变,则是个别的"权"。

要则

1. 中国社会通常以人为主,认为有人才有事,事在人为。因此一切事都离不开人,也就是离不开人的关系。我们听到一句话,先问是谁说的;看见一件事,先问是谁做的。可见人的重要性,不宜忽视。

2. 中国社会非常重视伦理,对于人的身份地位十分关心。看见或听说一个人,总要进一步追问是什么样的人,并且依据身份地位做出不一样的反应,才算合理。

3. 凡事先弄清楚对方是谁,才来审思因应的方式和态度,目的在建立良好的关系,以便进一步达成预期的目标。初听起来相当势利,其实只要保持合理的程度,就没有什么不好。

小心才不会上当

个案：

某市第十信用合作社（简称"十信"）是一个规模相当庞大的机构。大家把辛苦赚来的钱存进这个信用合作社，原本想赚取一些利息，增加自己的收入。不料信用社把大家存进来的钱贷放出去却收不回来，造成存款人，也就是债权人很大的损失。

事件爆发以后，债权人心急如焚，赶紧联合起来共同讨债。电视台认为这是大家关心的新闻，纷纷派记者进行现场采访。想不到摄影机一照，所有的债权人，不是躲躲闪闪，就是用报纸把脸遮盖起来，很不愿意曝光。

有人看到这种画面，很奇怪地问："这些人欠别人的钱吗？"

我们回答："这些人是被人家欠钱的债权人。"

"那就怪了！债权人还要躲在报纸下面，怕人家看到他？"这些人有这种奇怪的感觉一点也不奇怪,因为他们认为:只有欠人家钱的人,才应该把脸遮起来;被倒债的人,哪里有什么见不得人的地方?

请问:

1. 如果有人这样向你请教,你会如何回答这样的问题?

2. 人与人之间的态度,为什么会产生这么大的差距?

3. 要求他人不要欺骗与要求自己不要上当,哪一样比较安全、可靠、有效?

4. 小心不要上当是不是表示不要相信别人?

5. 中国人是不是专门欺侮弱者?我们的同情心发生了什么问题?主管和部属之间,在彼此的互相信任方面,应该采取什么样的态度?

分析:

1. 因为这些债权人如果不躲开镜头,将来播放出来,到处会听到这样的嘲笑声:"是他,就是他,我在电视上看得很清楚,他被骗掉三百万。"

一个人被倒债已经够难过了,还要到处被人笑话,更不划算。所以赶快拿报纸遮起来,比较好些。

2. 其实,"嘲笑骗人的人"和"嘲笑被骗的人",目的完全相同,都是在遏止"骗人事件"的发生。

有人采取这种"向内求"的途径,一切"反求诸己",认为"人人各自小心,不要上当",使那些想要骗人的人,无从得逞。我们设计一套"嘲笑被骗的人"来提醒大家,千万不要被骗,否则还要惹人笑弄。所以中国社会,那些被骗的人,赶快用报纸遮住自己,以求减少不必要的难堪。

而且,这些人也许想得更多一些,觉得"要求别人比较困难,要求自己比较容易",既然"求人不如求己",当然"反求诸己"胜过"约束别人"。

3. 假定有一个中国人,他诚实地向大家要求:"请各位不要骗我,因为我最容易上当。"试想后果如何?不想骗人的人,固然不会动他的脑筋,而那些想要骗人的人,势必把他当作目标,"他最容易上当,不骗他骗谁?"

诚实的要求过分软弱,我们来强硬的:"请各位不要骗我,否则我要自杀!"结果呢?想骗人的人第一个骗他,因为骗了他而他又自行了断,更加没有后患。

可见求人不骗我很有问题,我们改成联合性的诉求:"请各位不要骗我,不然的话,我要联络大家,一致来制裁你!"有没有吓阻作用?没有。联络大家?大家会听你的?到时候大家反过来笑你,你更难看。

4. 如果说"小心不要上当",便是"不要相信别人",那又是天大的错误。

中国人是阴阳思想的民族,阴中有阳,阳中有阴。说"不相信"含有"相信"的成分,说"相信"也含有"不相信"的成分。

"相信"或"不相信"是"二分法",相当可怕。阴阳思想不希望出现"二分法",所以说,"无过与不及"。

主管应该相信部属吗?答案是"不可以相信",也"不可以不相信"。主管相信部属,万一部属欺骗他，大家就会嘲笑主管，"三两句话，把他骗得团团转"，结论是"缺乏判断力"。

主管不相信部属，大家并不以为然，因为"疑人不用，用人不疑"，部属得不到主管的信任，怎么能够做好工作？

部属应该相信主管吗？答案也是"不可以相信"，但也"不可以不相信"。

部属相信主管，万一主管叫他做违法的事，结果落得坐牢，大家就会嘲笑他："主管叫你做，你就做。难道他叫你去死，你就真的去死？"

部属不相信主管，大家也会指责他不了解"不怕官，只怕管"的道理，人在屋檐下，竟然敢不低头，真是不自量力。

5. 如果中国人专门欺侮弱者，谁吃亏我们就笑谁，谁倒霉我们就笑谁，那么，中国人的同情心到哪里去了？

对于陌生人，我们根本无从笑起，因为彼此没有"关系"，产生不出任何联想。对于认识而交情不够深的人，我们不会当面笑他。我们可能背后嘲笑他,当面则尽量不提起,万一对方自己说出来,我们就会支持他,痛骂欺骗他的人。

中国人只有对自己人,对熟悉的人,或者有利害关系的人,才会"痛心"地嘲笑他,目的在"加深他的印象",使他深切体认"人家在你面前同情你,实际上背后都在笑你",因而决心"自己小心不要上当"。

主管自己小心,才会时时用心,判断部属的所言所行是不是合理。"可以相信的时候,疑人不用,用人不疑。""不可以相信的时候,知人知面不知心,人心善变,不可不防。"这些话看起来互相矛盾,却是因"时"而制宜。

部属自己小心,才会时时用心,留神主管有没有做出不正当的决策。"可以相信的时候,主管就是主管,他不会害你的,不信他信谁?""不可以相信的时候,主管不是神仙,就算真的是神仙,有时也会犯错,主管的决定不合理,你盲目服从,简直是瞎了眼睛,至少也证明完全不动脑筋!"

主管当然应该相信部属,但是只能相信到合理的地步，遇到不合理的地方，就不应该相信他。

主管可以要求部属绝对诚实，不过部属会不会绝对遵守这种要求，毕竟谁也没有把握，所以主管自己小心为是。

部属当然应该相信主管，否则无法办事，但是盲目地相信，绝对地服从，除非是特殊情况，例如士兵对长官，不然的话，迟早会害惨主管。

因为主管的决定如果是错的，部属又毫不犹疑地相信，必然全盘皆输，大家一起倒霉，这时主管就会十分痛心地对部属说："我叫你去死，你就真的去死！好吧，大家一起死好了！"

部属相信主管，也是以合理为限度。主管是不是事事合理，谁也料不准，所以部属自己小心一些，比较保险。

◦ 说明 ◦

上面案例中讲到的债权人，也有不用报纸遮住脸的，包括一些被推举为发言代表的人。既然要发表声明，总不能像 AIDS（艾滋病）患者那样，用纸筒剪开三个洞,然后套在头上。因为被倒债毕竟没有严重到见不得人的地步,身为代表,只有硬着头皮,化暗为明了。

还有一些把讨债、还债当作家常便饭的人,已经习惯成自然,就用不着躲躲闪闪。当然,也有一些不知道公开露面有什么不好的,生平第一次上当,并没有尝过上当还会招人嘲笑的滋味,所以堂而皇之,理直气壮地当面诉说。

既然上当,就算是"该来的躲不过"。首先装成自己不是受害者,唆使别人抛头露面去讨债,等待时机成熟才加入行列,并不吃亏。到时候债权人在一起,你用不着笑我,我也用不着笑你。

这时同仇敌忾,私底下混熟了,也会透露"老兄,你怎么也那么不小心""我以为我的学识低,才会上当,没想到像你这么有学问的人,事先也看不出一点征兆",然后彼此又下相同的结论:"我老早就看出有些不对劲,只怪我太相信他们了!"

想想骗人的人,当然不对,简直毫无人性。再想想自己,也未尝全对,谁叫你不小心?"防人之心不可无",难道这句话落伍了?

人是群居动物,彼此互相合作,才能生存。人应该相信别人,这是天经地义的事情。但是过分相信别人,同样引起别人欺骗的兴趣,以致上当,也是不争的事实。

现代化的中国人,是不是发挥一下我们的"包容性",一方面"约束他人",一方面"自己小心"呢?两者相提并论,哪一个才是"根本"?"防人之心不可无",小心不要上当,方为上策;但是,千万不要过分小心,因为不合理的小心,便是多疑,一旦疑神疑鬼,什么事情也办不好。

要则

1. 求人不如求己,要求别人不要欺骗,远不如自己提高警觉、小心不要上当来得有效而可靠。我们常说防人之心不可无,实在就是小心不要上当的高度警惕。

2. 站在不相信的立场来相信,才不致一相信就上当。对任何人都相信,受骗的概率就会大幅度增加。社会上骗子并不多,喜欢被骗的人太多,才会发生那么多骗人的事件,双方都应该负起相应的责任。

3.吃亏上当,人人不喜欢,却又经常发生这种不愉快的事情,主要是喜欢占小便宜,才造成因小失大。要求自己不要上当,最有效的办法,便是切记不要贪小便宜。

凡事求自己合理

个案:

王君学历高、年纪轻、能力强,属于现代化精英族。他的顶头上司,是我20年前的大学同学,偶尔见面谈谈,起码可以叫出彼此的姓名。

有一天,王君和他的顶头上司单独相处,忽

然想起我来,便顺口问道:"交大的曾教授,您认识吗?"

出乎意料,答案竟然是:"不认识。"

王君一时愣住了,好在他在行政机关服务,尚属老到,没有再追问下去。只是心里纳闷,难道我和他上司之间,有什么重大的过节,否则何以至此?

再见面的时候,他忍不住把这一段问答告诉我,并且鼓着眼睛问我:"这是为什么?"

"没有什么。"我轻松地回答,丝毫没有意外或不愉快的感觉,"你觉得是他的错呢,还是你的反应有了问题?"

"我不知道他有没有错,但至少我自己的反应没有问题,因为他的答案实在令人迷惑!"

"有什么值得迷惑的呢?只要你回想一下他当时的表情和语气,你就会明白他没有骗你,而是你不能体会他的真正用意。"

"这我就更搞不懂了!"他按捺不住,又说了一些不满意中国人"不够正直,不够坦白"的话。

我劝他不要以自己不成熟的眼光来评判如此成熟的民族，否则无意中陷入现代人"以不知骂真知"的浅薄，恐怕也不是他所希望的。

请问：

1. 王君的上司为什么会表现出这样看起来很不诚实的行为呢？

2. 如果我带了许多东西，麻烦王君转送给他的上司，王君在报告之前，先问："交大的曾教授，您认识吗？"上司照样回答："不认识。"如何是好？

3. 彼此坦诚相对，不是更好吗？为什么要费神猜来猜去？会不会影响工作效率呢？

4. 王君这样问他的上司，合理吗？

5. 中国人为什么十分重视反求诸己？

分析：

1. 其实，稍微模拟一下，便知道他的上司为什么产生这种"初看起来很不诚实"的行为。

假定那一天，王君问他的顶头上司："交大的曾教授，您认识吗？"上司的答案非常诚实："当然认识，我们是大学同学，我比他高班次，偶尔我们还见面聊聊。"

王君十分高兴，紧接着说："那真是太好了，我正好有一件事要找曾教授帮忙，麻烦您写一封信或打一通电话好吗？"

如果你是王君的上司，这时有何感想？会不会后悔自己太莽撞，在没有弄清楚对方的意图之前，竟然如此天真，造成难以收拾的尴尬场面。说"好"吧，增加不少麻烦；说"不好"吧，实在很难启口，也难保不伤感情。

一句"不认识"，减少许多风险，省却许多口舌，是不是高明得多？

还有，我如果在王君面前说了一些坏话，王君摸不清楚我和他上司的关系，多半不敢直截了当地传递过去，必然先问："交大的曾教授，您认识吗？"假如"认识"，王君不会把我骂他的话传过去，徒然失去获得信息的机会，现在说"不认识"，王君才会放心地说，而他也适时了解老朋友对他的不满,以便决定是否采取补救的措施,或是干脆不予理会。

2. "不认识"除了省时省力之外,又有打通情报管道的功能,似乎相当完美。但是,万一我带了许多东西,托王君转送给他的上司,王君好奇,想知道我们之间的关系,试探性地问:"交大的曾教授,您认识吗?"他的上司竟然冒出"不认识"的话,岂非当场揭穿西洋镜?

请勿担心,中国人拥有足够的智慧,可以进退自如,因为凡事早已留有余地。

"交大的曾教授,您认识吗?"

"不认识。"

"这就怪了,他说是您的老同学,还要我把这些东西转送给您!"

"什么?你说的是曾仕强啊!我们是老朋友,我刚才正在想一件事情,没有听清楚,原来是他呀!"

轻轻松松就兜回来了,这就是太极的神妙,有些人说它"玄",目的在标榜"只有我看得懂",实际上如此简单,不但不玄,而且非常平凡。

这样是不诚实吗？初看的确如此，不过对于比较具有判断力的人而言，应该有深一层的体认。

同样一句"不认识"，含有好几种不同的意思。包括"真的不认识""虽然认识，但是并无交情""认识是认识，跟不认识差不多""你有什么事情，要问我认不认识"，以及"你少打我的主意，我认识不认识根本与你无关"。中国人借着不同的表情和语气，相当诚实地流露出真正的用意，如果听的人依然不能分辨，究竟应该怪谁呢？我们不是时常彼此提醒，要善于"察言观色"吗？

3. 坦白一些不是更好吗？何必费神猜来猜去？现代社会效率至上，为什么要浪费这种无谓的时间呢？

说这种话的人，确实有其说不出的苦衷，因为他看来看去，都猜不准、摸不透，因此用"省力""高效率"做借口，来掩饰自己的功力不够，这也是一种常见的太极行为。不去重视，让他说说算了，方为上上策。

如果先说"认识"，然后事情来了，再推说

"不认识"或者坦白说明自己不愿意帮忙,甚至直接指称对方根本没有权利提出要求吗?就算横下心来,坚持一切明讲,后果又如何呢?会增进效率吗?恐怕更加不利吧!

4. 对于中国人的行为,从"合理化"的标准来省察,才能够充分明了其精髓。

王君如果合理,便不能没头没脑地冒出"交大的曾教授,您认识吗"这样的问句。他应该自己先诚实地说明原委,譬如:"曾教授说是您的老同学,是不是真的?""我有一些事情,如何如何,想麻烦您向交大的曾教授说一下,不知道行不行?""交大的曾教授托我转送这些东西给您,他好像跟您很熟悉!"

相信他的主管,就会了解王君的真正心意而放心地坦白说出他和我的关系,甚至把对我的观感都适时表露出来,使王君知所进退而不为难。

5. 长久以来,我们都忘记中国人的真正精神:"反求诸己。"经常责怪别人,总认为一切弊病,都是"我"以外的中国人所造成的。殊不知种种缺失,实际上都与"我"密切相关。

特别是知识分子,假若不能移风易俗,光是嘲笑、指责别人以抬高自己的身份,根本就是不合理的行为。

"反求诸己"的真义,即是"在要求他人合理之前,务须先求自己合理"。但是,先决条件,必须自己真正明白究竟什么才合理,否则到处传播不合理的道理,那就真的"爱之适足以害之"了。

· 说明 ·

有一次,我应邀到山上的训练中心去说一些粗浅的道理。晚餐时主办先生热心地问道:"吃过晚饭后,有没有哪一位要开车到山下的?请举手一下。"

结果没有人举手,他十分抱歉地向我说:"本来想找一部便车的,没想到没有人要下山,等会儿给您叫辆计程车好了!"

我说:"你这样问,当然没有人敢举手。你不妨再问问曾教授要搭便车,吃过饭后有没有人要下山的?"他满脸狐疑,但是碍于情面,只好照着问,却真的有三位先生举手。

主办先生有些气愤,忍不住说:"刚才问你们为什么不举手?"

答案是标准中国式的:"刚才吵得要命,你说什么大家根本就听不清楚!"

主办先生毕竟年纪轻,又问我:"这是什么道理?"

我说:"你会问我,表示你已经明白了,不过为了证实你的看法并没有错,所以还要问问。我们这样模拟一下,你问:'吃过晚饭后,有没有哪一位要开车下山的?请举手一下。'他很诚实地举起手。于是你说:'那太好了,这里有10个马达,麻烦你分别送到5个地方去,地址都写在这张条子上,谢谢您帮忙。'他怎么办?"

中国人在没有弄清楚究竟是怎么一回事之前,不会随便举手。因为他一举手,便要把10个马达分别送到5个地方去,害得自己不安宁,不免自怨自艾,把这种痛苦的教训牢记在心:可一不可再二。

举了手,再拒绝帮忙。一部分人骂他,顺路做一点事都不肯,还奢谈什么服务精神?另一部分人笑他,傻瓜才举手举得那么快,自己找麻烦,真是活该!

我在学校里开过选修课程,有三年级的学生,也有四年级的学生,顾虑到四年级的学生毕业在即,杂务可能较多,便明确表示希望由三年级的学生来担任此一课程的班代表。首先我要三年级学生举手,以便大家有个明智的选择,结果没有任何人举手。我一眼看过去,就看到三个三年级的学生坐在那里,我问:"你们三个不是三年级的吗?"他们笑笑。我又问:"那为什么不举手呢?"他们又笑笑。

笑笑最好用,含有许多层意义。很多人往往先染上现代社会急躁的毛病,不反省自己是不是够诚实,是不是考虑得够周到,是不是明白得够透彻,便大胆地指责别人的不是:落伍与不诚实,实在不是一件公平的事情。

主办先生劈头便问有没有人餐后要开车下山,

不让人家心里头有个准备,说不定又要提出一些不合理的要求,请问谁会那么傻,毫无保障地举起手?

选举班代表的措施,我固然振振有词,说得好像十分合理,而三年级学生则未必认为合理,为什么同样选修,服务性的工作就非我们小老弟来做不可,为什么一向要我们尊重四年级老大哥,却不能由他们来担任班代表?

我的决定既然未尽合理,便没有理由指责他们不举手。居然开口责问,他们由于尊师起见,不说话,只笑笑,这是何等的艺术!

要则

1. 中国人最重视合理,好像什么事情,都要求合理。换句话说,把事情做到合理的地步,大家大多喜欢接受。问题是合理不合理,各人的标准未必一致,这才引起很多争执,产生很多不愉快!

> 2. 要成为一位受人欢迎的人，最好的态度便是凡事自己求合理。因为一旦表现出不合理的行为，大家心里不喜欢，却又不方便明说，往往会造成若干误解，对自己对他人，都没有好处。
>
> 3. 当对方表现出不合理的行为时，我们最好不要立即指责对方的缺失，而应该反省自己，是不是自己的不合理，才引起对方的不合理。如果是的话，赶快先把自己的缺失调整过来，对方也可能跟着表现出合理的反应。改变对方最有效的方法是先改变我们自己。

当心"程咬金"系统

个案：

甲部门的李小姐有意请调到乙部门工作，人事部门认为相当合适,便分别征求甲、乙两部门主管的同意,说好调迁的日期,然后依照正式程序,签请核准,公布通知。

李小姐兴高采烈,正待办理移交,准备早日接办新工作。不料乙部门主管的太太亲自拜访人事课长,坚决反对李小姐调入她先生那一部门,宣称公司如果不尊重她的意见,不惜让她先生辞职,另谋高就。

细问之下,才知道主管太太所反对的并不是李小姐,而是未婚小姐。居于任何未婚小姐一律不得调入她先生主管部门工作的原则,她不得不拒绝李小姐的请调。虽然人事课长一再保证李小姐为人正派,绝对不可能和主管发生感情上的纠缠,但是主管太太仍旧坚持善门难开,不能同意。

人事课长以"原先并没有约束"为理由,希望主管太太让步,然而主管太太却振振有词:"本来都没有未婚小姐,我当然用不着讲,现在你们不存好心,硬要把未婚小姐调进去,我不能不讲话啊!"

甲、乙两部门主管和人事课长,循正常系统运作,忽然半路杀出这么一个"程咬金"系统,弄得章法大乱,不知如何是好!

请问:

1. 这个"程咬金"系统,究竟是对是错?
2. 我们应该怎样面对这种"程咬金"系统?
3. 人事课长最好如何处置这件事?
4. 如果你是乙部门主管,如何是好?
5. 如果你是李小姐,将如何因应这种变局?

分析:

1. 暂且不要评估这个"程咬金"系统究竟是对是错,事实上已经扰乱了整个正常系统。不理会,说不定乙部门主管真的离职他去。人家就会批评公司没有道理,也会责怪人事部门"公事公办"的心态,完全不重视人性。如果真的加以理会,收回调职的命令,置公权力与公信力于何地?人家便会批评公司没有制度,也会责怪人事部门"见风转舵"的心态,居然说不调就不调,叫李小姐怎么向人解释?

主管太太扮演"程咬金"的角色,乙部门主管竟然不敢据理力争,想必有说不出来的苦衷。闹大了恐怕自己的颜面更加难看,所以默不吭声。可见主管太太这样做,不见得完全是无理取闹,却是真的不得已才出此下策。

说起来谁都没有错,但是事情闹到这种地步,必定有什么地方出了差错。检讨下来,大家不约而同地把箭头指向乙部门主管:"明知自己的太太不放心,为什么答应李小姐的申请?"

乙部门主管苦笑着说:"好几年都没有听她提起,以为她忘了,哪里知道到现在还这么坚持?"

没有人存心捣蛋,事情依然一团糟。事先谁也料想不到,事后还是一大堆难题。"程咬金"系统的最大特色,便是半路上杀出来,叫人躲不掉却又挡不住。

2. 预先防患当然最为上策,任何事情,在考虑正常系统之外,如果还能够兼顾"程咬金"系统,自然安全得多。只是"程咬金"系统具有神秘莫测的特性,殊难预料。

一旦被咬到,马上要有应变的处置,才能够顺利解围,否则"程咬金"系统破坏正常系统的事实,实在令人望而生畏。

人事课长懂得专业知识和人情世故,最好在公余时间,对各个单位主管做一般性的了解。如果发现比较特殊的状况,就要进一步做一些个别性的探讨。这样在人事安排上,比较容易做到适才适任,而又兼顾有关人员的特殊性,减少料想不到的差错。

若是一切考虑周详,忽然杀出像主管太太这样的"程咬金"系统,人事课长应该向总经理报告,并且建议维持原定的协议,让李小姐调到乙部门工作,以昭公信。

至于主管太太当然不可以置之不理,或者斥为胡闹,因为受害者固然是乙部门主管,却也是公司的损失。人事课长既然保证李小姐行为端正,并不为主管太太所接纳,便应该征得主管太太的谅解,无论如何,依照公司的命令,李小姐必须调到乙部门。但是,同时向主管太太保证,三个月内调开,务请主管太太费心一些,在这短短三个月内,好好拴住先生的心,不要让先生有分心的机会。相信主管太太不可能不答应,三个月毕竟是短时间,转眼就会过去,为什么不做个顺水人情,答应得漂亮一些呢?

这样处置,公司的威信保住了,主管太太的要求也得到满足,然而,对李小姐本人公平吗?我们的答案是肯定的,因为主管太太有这种念头,必然影响到乙部门主管今后对她的态度,很难以正常的心态来面对,做起事来不免不够自然,先缓和一段时间再调,对主管对李小姐而言,都是有利的。

4. 如果乙部门主管,在表示欢迎李小姐由甲部门调入乙部门之前,先和自己的太太商量一下,看看太太的意见如何,大概就不会产生这样的困扰。若是由于自己的疏忽,造成人事课的为难,最好由自己说明,不应该由太太介入公事,以免公私不分,反而不方便。和人事课商量解决的办法,而不是撒手不管,避开责任,给人一种奇怪的感觉。

5. 这件事情,最好的解决方式,还是由李小姐自己再度提出申请，改调其他单位，或者向人事课长表明自己愿意配合任何方式的改变，以免造成困扰。一方面减轻各位同人的压力，一方面也表示自己是挑起所有问题的主角，愿意由自己的让步来促使同人和谐相处，相信必能有助于事情的推展，同时也建立个人的良好形象。

◦ 说明 ◦

现在我们再以另一个案例，来说明"程咬金"系统的威力。

采购部王经理得到内部人员的反映，B供应厂商所供应的物料，不但价格偏高、品质不稳定，而且常常延迟交货，弄得大家很伤脑筋。王经理依据自己的学识和经验，马上觉得B供应厂商显然不合乎采购部门所强调的适时、适地、适量、适质、适价的原则，而且认为作为采购部门主管，职责所在，不容有所犹豫，于是下定决心，宣称今后不再采购B厂商的物料。

内部人员听到王经理的决定，非常振奋。对于主管的公正和气魄，无不十分敬佩。然而，消息很快传到B厂商，想尽办法要求王经理帮忙，继续购用原来采购的物料。王经理毅然决然，丝毫不为所动，同人更加折服。

不料董事长秘书来电话，询问忽然停购B厂商物料，到底是什么原因？传闻为了改向C公司采购，故意放出空气，指称B厂商品质不稳定，而且不能准时交货，究竟是否为事实？

王经理猛然觉察半途中出现"程咬金"系统，起初有些心慌，终于自问并无私心，有什么好怕的？于是一五一十报告董事长。董事长移请总经理调查处理，总经理根本毫不知情，所以推得一干二净。王经理再度向董事长报告，董事长铁青着脸，说："为什么连总经理都要隐瞒？实在太不应该！"

内部人员据实向主管反映，当然是应该的事。王经理也不是一听便信，而是经过一番了解，确属事实，这才痛下决心，赢得同人的喝彩，可见他并没有错。

董事长呢？难道不可以过问这种重大的变更

吗？如果王经理真的假公济私，真的伪造证据，真的含血喷人，身为董事长，可以不闻不问吗？请秘书打个电话，询问一下经过的情形，不算过分吧！王经理前来报告，董事长尊重总经理的职权，请他调查处理，并没有不合理的地方。发现总经理居然不知道，更加怀疑王经理存心搞鬼，也是人之常情。

总经理一问三不知，心里已经不愉快。移请他调查处理，更是左右为难。替王经理讲话，说不定被王经理拖下水，变成联手作弊。认真去调查，王经理必然心生怨恨：为什么不信任我？这么没有担当！以后对总经理产生若干隔阂，在所难免。干脆推得一干二净，让王经理直接向董事长报告，而且安慰他："不用怕这些闲话，只要你行得正，怕什么？"也算是合理的处置。

大家都合理，结果却不理想。想来想去，问题出在王经理为什么不请示总经理上。但是，话说回来，样样请示总经理，那还当什么经理？

有人猜测，B厂商的老板是董事长的亲戚；也有人肯定，B厂商的幕后老板正是董事长。没有人方便当面询问董事长，就算真的问了，董事长也会正色地回答："这些并不重要，重要的是这种采购的案件，是不是公正无私、是不是公平合理。"

董事长说得很对，而王经理却十分倒霉。"程咬金"系统什么时候出现，从哪里出现，很难预料，可能带来许多困扰，增添许多麻烦，实在不可不防。特别是风气愈开放，"程咬金"系统愈为活络，不幸被咬到，真是苦不堪言。

采购部门的经理，当然有责任维护适时、适地、适量、适质、适价的原则，而且也有权更换采购的对象。王经理这样处理，当然没有不对。只是采购部门向来是比较敏感的地方，总有些人喜欢戴着有色眼镜来看采购人员，因而不得不特别谨慎小心。

B厂商交货不准时、品质不稳定，就算是事实，王经理也应该想想，为什么胆敢如此？是不是背后有"程咬金"系统在支持？于是，王经理亲自告诫B厂商，品质要合乎要求，交货还要如期，不然就考虑换厂。这时候可能"程咬金"系统就会按捺不住而现出原形,对王经理的处置有很大的帮助,至少他可以请总经理协助解决,不至于独自面对强大的压力。如果连总经理也很为难,王经理心里也有个准备,与B厂商同归于尽——改向他厂采购,自己也辞职他去。有计划地因应"程咬金"系统,当然比半路上杀出来不被它杀死也被它吓死,要有把握得多。

要则

1. 凡是系统内找不出原因的事情,不妨向系统外去寻找。因为事出必有因,系统内找不到,系统外应该可以找到。这种系统外的因素,通常称为"程咬金"系统。

2. "程咬金"系统既然是半路上杀出来的,当然不是体制内的规定所能够加以妥善处置的。最好借用例外的方式来寻找可行的化解方法,力求不破坏体制内的和谐,方为上策。

3. 遇到超乎想象，或者意想不到的事情，不妨超越体制，向外寻求可能出现的"程咬金"系统，以便及早发现线索，以资化解。部属最好自己反省，为什么上司不喜欢听取我的意见？是不是我平日所表达的意见，并无实质的助益？或者表达的态度或方式有所偏差，以至上司不愿意听取？只要自己充实、谨慎发言，必然会逐渐改变上司对自己的观感，因而越来越受到上司的尊重。

第五章
是非的判断

任何事理,总离不开时间和空间。时空一改变,是非就跟着有不同的变化。

中国人的是非,也会绕圈子。兜来兜去,把原本相反的东西相成起来,获得相当圆满的是非判断。

是非的判断,乃是管理的基础。缺乏是非,根本无法管理。中国人不可以不明是非,否则管理的基础不可能扎实。中国人也不可以不分青红皂白,胡乱判断是非,不然的话,颠倒是非更可怕。慎断是非,才是中国人应该坚持的正道。

导　言

是非为什么难以分辨？主要是"时空"在作祟。任何事理，总离不开时间和空间。时空一改变，是非就跟着有不同的变化。中国人最了解这种关系，所以有很多问题，中国人都觉得"很难讲"。

很难讲的确是事实，因为"公说公有理，婆说婆有理"，而听起来又似乎"怎么说都有理"。中国人喜欢说："话都是你说的。"意思是："你爱怎么说，就怎么说，反正都有道理。"

我们都是"理由专家"，最会找理由，而且最喜欢找理由。偏偏中国历史悠久，资料库十分丰富，随手一抓，就是一大堆理由。怎么找都找得到，怎么抓都抓不完，请问在这种情况之下，如何判断是非?

中国人的方法,是"站在很难讲的立场来讲",而且在"二选一"之外,出奇制胜地来个"二合一",使人有意想不到的感觉。中国人的脑筋普遍会拐弯儿,所以中国人的是非也会绕圈子。兜来兜去,把原本相反的东西相成起来,获得相当圆满的是非判断。

是非本身具有变动性,变动得不合理,中国人不接受;变动得合理,中国人几乎都能够接受。此亦一是非,彼亦一是非。究竟孰是孰非?合理便好。

在这种变动性是非的环境中,制度似乎是最倒霉的东西。有制度不知变通,大家不以为然;有制度却因时、因地、因人、因事而变通,大家就痛责"根本没有制度"。不变不行,一变就是没有制度,可见中国人的制度时常背黑锅,被众人当作借口,屡加责骂。

今天我们喜欢谈"游戏规则",总认为中国社会缺乏游戏规则,而且以为如果有了游戏规则,中国人就可以循规蹈矩。事实上我们历代以来，无不致力于建立游戏规则，只是我们的游戏规则与西方有所不同而已。千万不要用西方的游戏规则来衡量我们自己，也不要猜测中国人可以遵循西方的游戏规则。更不要否定我们的游戏规则，仅仅由于它不同于西方所拥有的。

我们今天所缺乏的，主要不在游戏规则，而在"裁判水准"。因为裁判水准低落，经常乱吹，甚至于吹错了，就算空有整套的游戏规则，又有何用？

中国人所要求的裁判水准，乃是"在圆满中分是非"。我们常说"对，有什么用？"，这句话就是品管的上限，而相应的"不对，不可以"则是下限。如何在"对，没有用"与"不对，不可以"的范围之内明辨是非，是中国人必修的课程。

中国人绝对有是非，我们最讨厌没有是非的人。然而，我们的要求比较高，不是单纯的分出是非便可以解决问题，却应该在圆满中分是非，分到大家都有面子。难是难些，但是值得我们努力去达成。

是非的判断乃是管理的基础,缺乏是非根本无法管理。中国人不可以不明是非,否则管理的基础不可能扎实。中国人也不可以不分青红皂白,胡乱判断是非,不然的话,颠倒是非更可怕。慎断是非,才是中国人应该坚持的正道。

是非很难分辨

个案:

8:05由大学站开往前街的班车,于8:00开始上车,持有坐票的旅客陆续登车。有的对号入座,也有的选自己喜欢的座位坐下。

8:05稍过,补位开始。有一位老太太率先登车,眼见1号座位居然空着,心里大喜,毫不犹豫地挤过坐在2号的年轻人,倚窗而坐。

不到一分钟,车外出现另一位老太太,气喘如牛,直嚷着:"等一等,等一等!"

站务员告诉她已经客满了,请她等下一班。她说:"我有买票,而且是昨天特地跑来买的!"匆匆上车后,她站在 2 号旁边的通道上,坚持要坐在 1 号的老太太让位:"对不起,这是我的位子。"

"我知道,不过那是 8:05 以前的事情,现在我已经补了位,为什么要让你?" 1 号位子上的老太太理直气壮地说。

"我就是知道自己体力不好,经不起站,所以昨天多跑一趟特地来预购车票,不像你今天才来,所以你一定要把位子还给我。"

"你要坐,为什么不早一点儿来?"

"噢,我难道不知道要早点来吗?我很早就出门了,谁知道红灯那么多,害得我没赶上。"

司机把车门关好,转动车头,径直向高速公路而去。

站着的老太太右手紧握把手,左手持票伸向坐在 1 号的老太太,两人互不相让,终至破口大骂起来。

这时坐在 2 号的年轻人,觉得压力很大。全车的人都默不作声,却似乎一致在指责他:年纪轻轻,为什么不站起来让座?

年轻人看看自己的车票,明明写得十分清楚——2号。可是眼前的情景,买票并不能保障什么。他站了起来,示意让座。站着的老太太称谢坐下,继续和1号老太太大声互骂。

5分钟以后,两位老太太沉默了一阵子,然后有说有笑,怒气全消,接着是一团和气,彼此十分融洽。

我就坐在附近,很想知道结局如何,一直十分留意。车刚过收费站,1号老太太说她第一站就要下车,她女儿会来接她,2号老太太则把自己的住址告诉对方,邀她有空过来聊天,1号老太太也把她的电话号码念出来,她们最后竟然还聊道:"如果那位年轻人早一点让座,我们就不会吵了!"

请问:

1. 坐在2号的年轻人有错吗?为什么两位老太太竟然把责任归在他的头上?

2. 1号老太太有错吗?她为什么不肯让座呢?

3. 迟到的老太太有错吗?她为什么理直气壮地

要1号老太太让座?

4. 汽车公司有什么错?

5. 司机不理不睬,好像只顾开车,不管乘客的争执,他有什么不对的地方?

分析:

1. 坐在2号座位的年轻人当然没有错,这本来就是他的座位,坐在上面是理所当然,谁也没有权力把他赶走。

既然年轻人没有错,大可心安理得,或者干脆闭目养神。但是他的脑筋却会拐弯儿,耳朵里虽然听不见任何责难(他倒希望有人骂他,给他一个表明自己合法的机会),心里却怎么也安不下来,终于决定让自己的权利暂时睡着,发扬传统礼让的美德。

2. 1号老太太也没有错。依序补位,合法取得1号的座位,是她辛苦排队换来的,当然不肯让。

现代社会,大家讲求合法。若是依法补位,谁也没有话讲。补位开始,她首先登车,年老力弱,当然尽量坐在前面。

3. 迟到的老太太错了吗？她早一天特意预购车票，早早出门，却想不到接连遇上几个红灯，弄得前功尽弃。眼巴巴地看着别人以补位的名义捷足先登，当然痛心！汽车公司收了她的车钱，明定逾时作废，现在又巧妙地想出补位的名堂，明明是一位两卖，还说什么过时不候，简直越想越气。

4. 汽车公司有什么错？如果卖出的座位坚持不再补位，对众多旅客如何交代？而站务员弄不清楚哪个座位的旅客早一班车已经走了，哪一个座位的旅客正在路上急得满头大汗，当然只好悄悄把手表拨慢30秒，然后依序补位。不过他毕竟脑筋会拐弯儿，遇到愤怒的老太太，实在不敢依法把她赶下车去，既不能叫任何旅客让座，又无法面对迟来一步的老太太，当然只好悄然退避，顺其自然，求得解决。

5. 司机先生看多了各色各样的旅客，早已司空见惯，一方面帮不上忙，一方面迟开车子大家会骂。大多数人都有这种丰富的经验：车子一开动，所有问题便会逐渐获得解决。

当然,站务员可以坚持不让迟到的老人家上车,司机也可以出面制止吵闹,因为现在是法治社会。但是,如果自己正好就是那位迟到的老太太,内心的感想又如何?

◦ **说明** ◦

中国人之所以是非难明,原因之一在于头脑灵光,脑筋会拐弯儿。有些人嗤之以鼻,认为荒谬之至,那便是患了近代中国人的毛病:脑筋逐渐僵化,很难深一层想问题。

如果有人转向指责我:你亲眼看着两位老太太吵架,竟然无动于衷,还敢口口声声谈良心?这是一种实证:他的脑筋正在拐弯儿,算是一个道地的中国人。

赞美一位中国小姐可要特别当心,你说她衣服很漂亮,她会想:"难道我长得不漂亮?"你说她眼睛美得像月亮,她可能怀疑:"你看,又在嫌我的鼻子太塌了!"

总经理从外面进来,嘴角上粘着一颗米饭,职员们看到了,敢不敢说:"总经理,你怎么带便当?"答案是有人敢,有人不敢。敢说的人并不是勇敢、坦诚、率真,而是料定总经理不会把他怎么样。不敢说的人也不是胆小、阴沉、世故,而是他没有把握,究竟会有什么后果。

总经理听了,可能笑一笑,用手把饭粒抹掉;也可能恼羞成怒,心想:"我前两天指责你,你就心生怨恨,今天抓到机会,公开使我难堪,看我怎么整你!"有人会说这是总经理的个性使然,其实,同一位总经理会对张三、李四的同一句话或同一行为产生不同的反应,这才是实情。

中国人脑筋会拐弯儿,绝对不是时时刻刻都拐弯儿,因为每一时每一刻都拐弯儿,便会脑筋团团转,永远转不过来。

至于脑筋拐弯儿究竟好不好,我们很容易从"人和机器的比较利益"当中获得解答。人之所以优于机械,人工之所以永远不能完全为机器所取代,唯一的原因仅在"人的弹性大于机械"。电脑记忆得多且久,计算得繁且速,却不能像人脑那般拐得过弯儿!

举一反三,是学习的最佳过程,否则人只是记忆的机器,迟早会被电脑征服。人要能够举一反三,当然需要养成脑筋拐弯儿的习惯,因此我们大多羡慕脑筋灵光、转得过来的人。

当然,转动的方向,有正必有反。我们深切盼望,大家的脑筋尽量向正道去转。实际上正道、反道也很难分辨,才会产生"合理化"的难题。谁不知道"合理化"很好,问题是你看合理,我看不合理,究竟谁合理?

如果"一切依法办事"最合理,那么迟到的老太太势必要被站务员挡驾,不许她上车,或者让车上的众多乘客发挥道德勇气,群力制裁,叫两位老人家不要互骂,以免妨害大家的安宁,如此处置合理吗?

我们也可以指责这两位老太太的观念陈旧得可怕,居然冀望年轻人让座,可是,社会上宣传倡导的不就是尊老、敬老吗?

年轻人有权利坐在自己预购的座位上,但是他毕竟存有"心不安"的人道思想,依"法"可以安然不动,却服从"情"的指导。让出自己宝贵的权利,这才是值得我们钦佩的。

要则

1. 是非难明,因为我们毕竟是人而不是神,还没有具备像神那样明鉴的能力,以至经常误判是非。尚未能明辨是非,却要擅自判断是非,这时候最好觉悟是非难明,使自己更加慎重,减少错误。

2. 疾恶如仇的先决条件,是是非善恶分得十分清楚。若是是非难明,善恶不容易分辨,我们怎么能够放心地疾恶如仇呢?疾恶如仇的人,经常被利用,反而助长恶势力,岂非害自己?

3. 管理者应该明白是非,更应该时常告诫自己:是非难明。不可以凭着个人的权势,来乱断是非。多问、多看、多想,慎断是非,才不至看错人,看错事。破坏自己的形象事小,影响团体的士气,才是重大的伤害。

怎么说都有理

个案：

审查决算的时候，如果"预算小于决算"，例如原先提出预算，只有100万元，如今决算下来，高达1100万元，审查的人势必紧张万分，痛责这种情况为"形式预算"，甚至有瞒天过海的嫌疑：先以小额预算获得顺利过关，然后分期追加预算，造成高额决算的结果，看审查的人如何处置。

这时有的单位心里暗暗高兴，因为执行的结果，刚好"预算等于决算"，丝毫没有出入，想来必然可以得到审查人的褒奖。不料审查人竟然皱紧眉头，大摇其头说："这怎么可能？简直把我们当成傻瓜。"天下事哪有那么凑巧的，预算是3215万元，决算也不多不少，正好是3215万元，这根本就是"消化预算"，分明是根据预算的金额，悉数拿发票来报销，真是要不得。

某些单位，看到自己"预算大于决算"，顿时欣喜之情，溢于言表，哪知道审查人不看犹可，一看之下便十分愤怒："剩下这么多钱，居然不会动用，可见大家都不用心！"批评这种"闲置预算"的作风，是不敢负责、不肯做事的混日子现象。

预算和决算这两个"数字"之间的关系，总共只有三种：大于、等于或小于。现在"预算小于决算"，被骂为"形式预算"；"预算等于决算"，被痛责为"消化预算"；而"预算大于决算"，又被愤称为"闲置预算"。请问如何变化其间的关系，才能符合审查人的要求？

这三种骂法，如果出于三位不同的审查人，我们还可以解释为：彼此观点不同，站在自己的立场来看，所以有不同的说法。偏偏这三种批评，出自同一审查人的口中，而且我们还可以保证：他的头脑清醒，知识丰富，尤其难能可贵的是相当现代化。

请问：

1. 这三种批评出自同一位审查人的口中，对我们而言,有什么样的启示?

2.中国社会,最好如何处置预决算事宜?

3.能够寄望审查人不指责吗?尽说好话,对审查人的立场可能产生什么样的后果?

4.编列预算,最好采取什么样的原则?

5.预算制度好不好?能不能如实地实施?

分析:

1.首先,我们必须了解:中国人很难接受"一致化"的现象。

凡是公共工程进度落后,有关单位必定非常关切:究竟问题出在哪里?怎么向大众交代?弄得执行单位穷于应付,根本无法专心探讨原因并进行补救,只好急就章、胡乱赶,徒然造成许多无谓的后遗症。

但是,若是工程进度恰如预定,不快也不慢,大家便议论纷纷:还不是作假,明明就在那里故意拖延,反正预定进度已经达成,何不乐得轻松,脚步放慢一些?因为中国人普遍只能接受一种报告:

工程进度略有超前,大家皆大欢喜。稍微留心新闻报道,不难发现这种心态。

中国人的"一致性"是站在"变动性"的基础上,有时一致性很高,有时却不然。例如,董事长到工作现场巡视,员工便提高警觉性,步调一致,合作无间。厂长领导大家高喊"董事长好",也是齐一而有力,显现士气旺盛。但每次如此,大家就心生厌恶,应付应付,甚至看不起厂长的奉承态度,暗地里骂他专门拍马屁。

2. 中国人喜欢变动性,预算大于、等于、小于决算,都属于一种"一致性",所以必然挨骂。同一个单位,有许多预算项目,其中有的项目预算等于决算,有的项目预算小于决算,让审查人看不出一个"一致性"来,挨骂的概率就会大幅度降低。

实际上,凡是实实在在、依照实际发生的情况来编制预决算书,应该是具有相当的变动性才对。一致性的情况,通常很容易被解读为某种程度的作假。至少经过若干人为的调整,否则怎么能够这样一致呢?

3.要审查人不指责几句,也是很困难的。这是立场问题,既然身为审查人,负有重大的审查责任,当然就要审而查之,才叫作负责任、尽职守。如果审查了老半天,居然抓不出一些毛病,不在场的人,哪里会相信实际的情况,必然有所怀疑:是不是不认真审查,才没有发现错误?这样的猜测,还是君子之腹,不计较也就罢了!万一其他审查人想歪了:是不是得到什么好处,抓不下手?那才是天大的冤枉。所以既名为审查,当然要抓出一些名堂。

每次都抓同一单位的毛病,或者都找同一情况来指责,又是一种"一致性"。让对方摸不着方向,把握不住重点,才叫作"出其不意",绝对不能让对方"有备无患"。

4.实际上,中国人编列预算也是一大学问。依实编列不妥当,不依实编列也不见得合适。依照实际情况编列,如果遇到其他单位灌水浮列,而主持者鉴于总数过分膨大,采取按比例缩减,岂非惨不可言?不依实际情况编列,遇到有心人事先搜集资料，届时逐项比对，当场拆穿西洋镜，今后何以为人？

5. 预算制度的精神很好，有效执行起来，未尝不是管理的一种利器。但是打从编列预算开始，我们就有许多变数不易加以控制。因此大凡任何项目尽可能加上"资讯"两个字眼，或者和"自动化"扯上相当关系，通过的可能性立即增大。

此外，预算之前，可以先试探高阶层人士的口气，如果获得支持，就把不可能获得通过的预算项目，暂时用比较有利的项目来代替，将来通过之后，再行变更使用，以迂回的方式达到原来的目的，这绝非"以合法掩护非法"，却是"脑筋转得过来"。

只要诚意、正心，这些方式并不算坏。但是因为我们的预算审查制度缺乏合理的审查方式，更谈不上有客观的审查标准，所以审查时如果有一位委员反对，其他的人就不便据理力争，于是不是搁置便是删除，弄得是非不明，永远说不清楚。

制度是好的，也需要良好的环境来施行才能有效。今天大家空谈人性管理,却要脱离中国人的人性环境来推行一些不合乎中国人的制度,分明是赶鸭子上架,把好端端的一种制度变成官样文章。

就算"零基"预算,对中国人也未必合适。既然不受限制,大家就可以尽量多列,结果造成面子大的主管,单位预算多;面子小的主管,单位预算少。

○说明○

一致性是不合人性的,在非常特殊的情况中,要求大家行动一致,观念一致,原本无可厚非,如果任何时刻都希望大家记取一致性,那就很难为大家所接受。我们要求员工团结一致,必须考虑某些心理因素,其中最为重要的是老板的理念,究竟公不公、诚不诚、正不正?

预算当然不能小于决算,否则不是预估不准确,便是有意先行过关,造成事实,再追加预算。然而预估很难准确,物理学的"测不准定律"便是最好的证明。有时估计得相当准确,却由于其他因素，例如工程承包商倒闭、外购设备推出新产品等等，势必追加预算不可。

预算也不可能经常等于决算，因为外界环境变动迅速，要在快速变动的时代，一年前编列的预算刚好等于一年后的决算，实在很难令人信服。

不过，有一些物品变动性不大，也有一些物品价格变动时用量可以调整。或许可以与供应商协议：只有这么多预算，请你们少赚一些，所以预算等于决算，不完全是"消化预算"。

再说，预算不能大于决算，也有相当的道理。因为既然有余钱，为什么不买好一点的产品？为什么不考虑周到一些，把有关的周边设备也一道购齐？可见对于采购并不用心，至少是怕负责任。但是，有些工业品价格每年降低，而且我们常说"当省不用，当用不省"，不当用时，省下一些钱，难道也是一种错误？

这三句话都有相当的道理，如今出自审查人口中更是有道理。事实证明，挨骂的人心里怎么想我们不晓得，至少没有人公开申诉，也没有人为此而大生其气,因为"气死活该!"

问题不在审查人的指责,却在执行者的合理与否。预算时尽量求其合理,决算时也尽量求其合理,这就叫作"合理化",是今天管理界共同追求的目标。只是中国人的合理,并不具备一致的基础,却建在变动性的先决条件上。你认为合理,我不认为合理,结果害苦了可怜的他,不知道谁的主张才合理。

要则

1. 变动得合理,才是中国人心目中真正的合理。不变,大家骂:"为什么不求新求变?"一变,大家又骂:"为什么胡乱变?"应该变才变,不应该变千万不要变,这才是我们变动中的一致性。可惜现在有些人听不懂这种话,所以常常怪别人,形成外行人取笑内行人的可悲境况。

2. 道理大部分是相对的,从不同的立场,可以说出不一样的道理。加上中国字和中国话,配合中国人的性格,弹性大,变化也大。无论怎样写,怎样说,都有一部分的道理,所以很不容易沟通。

3. 中国人特别重视诚意,也就是自己的心目当中要有他人的存在。和对方将心比心,凡事站在对方的立场来讲道理,才讲得通。听起来马屁味道十分浓厚,却一定不能够存心拍马屁。

让制度背黑锅

个案:

公司召开业务汇报会,检讨近期产品滞销的原因。大家先是面面相觑,不知从何说起。继而试探性地说一些无关紧要的话,最后越来越热闹,竟然不约而同地把所有责任都推给制度,结论是:如果制度不能够适当地修改,再努力亦是枉然。

假如公司的销售制度,恰巧是董事长和总经理亲手制定的,或者是依据总经理指示而修订的,大家当然不致如此鲁莽,于是东拉西扯之后,必然交相指出同业的惨境,绝对不亚于本公司,因而归结为:景气不好,时机对我不利,也就是"非战之罪,天亡我也"。

请问:
1. 中国人为什么喜欢把所有的责任都推给制度?
2. 制度为什么是最好的挡箭牌?
3. 中国人为什么不愿意得罪别人?
4. 中国人真的怕事吗?
5. 让制度背黑锅,有什么好处?

分析:
1. 把责任推给制度,乃是很多人惯用的一种太极行为。太多的历史事实和随着年龄增长而累积的亲身体验,使我们深切了解,制度是死的,而人却是活的。我们指责制度，它并不会反咬一口；如果责怪某人，必然会遭受或早或迟的报复，委实防不胜防。

是是非非，原本不易判别得十分精确，因为"公说公有理，婆说婆有理"，几乎每一个人都是"理由专家"，信手拈来，信口道来，即是一大堆理由。到了"山穷水尽"的地步，依然可以用"不知道""忘记了""不小心"等不是理由的理由来搪塞。

就算是非相当明白，我们也不愿意直接指出这是谁的过错，因为被指责的人，是一个活生生的有生命的人，他不服气，或敢怒而不敢言，或明接受而暗排拒，势必采取报复的措施，即使不马上反扑，终究蕴藏着一股潜在的力量，不知道什么时候会朝向自己直射过来。何况中国人认为君子报仇，三年犹未为晚，得罪中国人，可真不是好玩的。

2. 人不能得罪，否则没完没了，而制度、法令为"非人因素"，正好派上用场，拿来做挡箭牌。凡事不说是什么"人"的错，只推是"非人"的制度不合适,既安全又容易获得众人的认同,这就是中国人的高明之处。

事实上制度也是活的,制度由人创立,由人修订,也由人执行。我们明着讲制度不好,暗地里仍然涵盖着创立的人、修订的人以及执行的人。嘴巴上不说,心里却都有数,这才是推给制度的实质意义。

管理者看不出或者忘掉了此一实质意义,便无法了解中国人真正的用意,不能妥善地处置,因而让制度背黑锅,使大家误以为我们真的是缺乏制度或者制度不完善。

3. 求"安"是中国人根本的要求。人要求安,当然不能够随便得罪人。今天有些人口口声声要大家不要怕得罪人,实际上自己却处处小心,生怕得罪他人。

4. 中国人崇尚"安人哲学",其实也不是怕得罪人。我们的正确观念,乃是"无事不惹事,有事不怕事"。没有事的时候,最好不要惹是生非,以免弄得大家不得安宁,徒然成为众人心目中的"刺猬人"。有事的时候，就用不着害怕，反正怎么躲都躲不掉，天天躲也不会安，所以不能怕事。

惹事不安，怕事亦不安，唯有不惹事、不怕事才能安。这种浅显的道理，岂能由于百姓日用而不知，便轻轻地抹杀掉？

不直接指责"人"，是不惹事的表现。我们不是常常冀望大家"对事不对人"吗？为什么要指责人呢？就事论事不正是比较客观的态度？现在我们可以看出来：我们自己不愿意直接指责人，却讨厌那些不直接指责人的人。这是什么心理呢？

第一，别人直接指责人，我才可以不必直接指责人，显得我比别人聪明，满足自己的虚荣心。

第二，别人因直接指责人而得罪人，我才有机会充当和事佬，造成有利于己的情势。

第三，别人和我一样不直接指责人，似乎是非不明，坏人逍遥，好人就吃亏，我是好人，却不愿跟着蒙受损害。

最理想的场面，是别人彼此之间互相指责，而一切与我无关，乐得隔岸观火。殊不知此种情况纯属空中楼阁，混战之中，极容易为流箭所伤，才是比较可能的事实。鼓励大家不要怕事是对的，如果无意间激发不怕惹事的气氛，则天下大乱的结果，自己也不太容易逃避，后悔莫及！

5. 怪罪"非人"的制度，细想起来，是不怕事的表现。大家只拿制度作为攻击的目标。不拿人来指责，而言语之中，隐约可知错的人是谁，这种"不明言"的检讨，至少含有三大好处：

第一，我认为某人有过失，但不知大家以为如何。假如明白指责出来，而大家不以为然，岂非太过冒失？如今我用明指制度、暗指某人的方式来表示，若是大家共同认定，当然最好；如果大家不认为如此，我没有明说，也不至伤感情，可以说是一种两全其美的方式。

第二，众人的认定与否，最后还是十分清楚。就算所有的人，都不愿意明白地指出是某人的过失，但是说来说去，心里大抵都知道在数落谁的不是。被指责的人，听来听去，虽然始终没有听见自己的姓名，却也心里明白，这分明是在说我的错。

第三,既然不明说大家也都明白,不如表面上不说,只拿制度来指责,看看主持人的态度如何,才能进一步判断自己的观念是否正确、合理。按照常情,大家心里有数,主持人当然也不例外。如果他身为主持人都不愿意坦白指责是某人的过错,我明白指责,能否得到有力的支持,显然颇有疑问,不如依然咬定制度不合适,以观主持人的结论,比较安全。

◦说明◦

现在我们已经明了,一件事是谁的过失实在不易判断。在难以判定责任的情况下,中国人慎断是非,多数不愿意唐突地指出这是谁的不是,以免造成错误,引起不必要的误会,增加无谓的困扰。但是既要检讨,又不能不试图沟通彼此的看法,因此巧妙地运用"非人"的制度大做文章,以求了解他人的观点。果然大家表面上都在责怪制度,而言外之意,却已逐渐集中于某人,可见某人确实有其不当之处,格外证实自己先前的推测并不离谱,同时也庆幸自己没有明言,不得罪人而又达成指责的目的,应该是更为圆满的明辨是非。

主持人果真想要分辨某人是否有错,他听来听去,自然和众人一样心里有数。除非存心装糊涂,否则便可以私底下再和若干人分别探讨,进一步求证,便不难充分了解表面上指责制度的弦外之音。

在众人不明言的检讨中,主持人发觉大家的目标,相当集中于某人,就应该在散会之后,个别地和某人谈一谈,提供给他一个自己承认错误的机会,由他自己来说,可能更清楚更坦诚,因为大家既已顾全了他的面子,他便不可一味抵赖。

某人如果真的没有过失,这是最好的机会,可以具体地澄清大家的误解。主持人指派有关人员,共同听听某人的证词,然后透过非正式沟通,很容易消除此一不当的指责,本来就没有人指名道姓,当然不是在怪他!

假如某人真的有过失,这也是最好的机会,正式地向主持人说明过程和自己的苦衷,初步获得协议,再决定处置的方式,总比众人吵吵闹闹,要冷静、客观得多。

主持人有时为了顾全大局,不愿意宣扬出去,这是最好的机会,一方面接受大家表面上的结论,及时修订典章制度,以求改善;另一方面则依照大家实质上的建议,切实了解某人的过失,或给予劝导、警戒,或给予合适的处罚,以求改进。

如果主持人认为必须公开处理某人的缺失,这也是最好的机会。可以组成委员会,让委员们进一步详尽地了解整个情况,做出合适的处理方案,看看众人的反应如何,再由主持人郑重地宣布,必然更为圆满。

中国人的思虑一向十分圆熟。表面上拿制度来大做文章,实质上则毫不留情地指责某人,这才叫作"合情合理",既顾及情面,又力求合理。这种方式,给主持人极大的弹性,可以进退自如,也可以左右逢源。处置得妥善与否,关键全在主持人,这是中国式管理倡导"正己正人"、强调"上梁不正下梁歪"的道理。

主持人存心让制度背黑锅,就会装迷糊,让大家围着制度团团转,结果问题依然存在,说不定继续恶化下去。主持人千万不要让制度背黑锅,制度不过是人为的产物,真正的原因,仍旧离不开人的因素,所以中国人一直深信"有人才有事""事在人为"。

当然,制度也有不好的。这句话最好这样来说:当初创制此一制度的时候,居于当时的实际情况,这样定应该属于最合适的。如今情况改变,似乎已经不是最合适的,有修订的必要。制度不好,就应该及时修订,如果承办单位一拖再拖,始终不予理会,直到大家共同检讨,才责怪制度不合适,是否已经相当明白地指出承办人员的缺失?不幸的是,我们常常听见承办单位力陈自身有关的制度不好,甚至振振有词,真是不知自己所办何事。

指称自己制定的制度不合适,等于公开打自己的嘴巴;怪罪其他单位制定的制度不妥当,实际上也就坦白指出那些单位的工作有缺失。谁都知道已经有制度而猛烈地攻击缺乏制度,便是不满执行不力的表示。冀望制度的改善可以带来更多的利益，实际上是走一步算一步的做法。

要则

1. 生产力要提高，经营管理希望突破，最要紧的恐怕就是：不要让制度背黑锅。大家可以指责制度，以求了解他人的观点，从而达成指责的目的，这样才能够实质地明是非，求改善。

2. 口头上指责制度，让制度背黑锅，目的在保留大家的面子。心里头却应该心知肚明，知道实际上的错误在哪里，应该由哪些人负责，必须如何改善。并且有实在有效的行动，才能够收到检讨改正的具体效果。

3. 检讨会上，主持人用让制度背黑锅的策略保留相关人员的面子。会后必须个别约谈相关人员，以测知其是不是真正明白错误的所在，并且提出具体的改善方法，才能罢休。否则就要持续追踪，直到有所改善为止。

圆满中分是非

个案：

公司为了合理照顾自备车辆上下班的同人，特别规定，按月补助汽油费。虽然为数不多，却也引起有车一族的欣慰：毕竟公司还是相当用心，知道不搭乘公共交通工具的人，需要负担汽油费。王经理因公出差，长达三个月。到了第二个月，就有人向总经理反映：王经理出差期间，并没有自行驾车上下班，如果照领汽车补助费，似乎很不公平，而且也显得公司的稽核部门能力不足，未能及时觉察，因此应暂时停止发给汽油补助费。总经理听罢，觉得十分有道理，心想一共也没有多少钱，大概王经理不至于过分重视，所以裁决：出差期间，停发出差人员汽油补助费。

总经理处理本案，完全是对事不对人，而且立法之后，一视同仁，凡出差期间超过一个月以上者，即停发当月份汽油补助费。依据新法，将王经理三个月的汽油补助费扣发，应该是合法措施。

王经理回来后，向总经理报告出差经过，彼此言谈甚欢。末了总经理还慎重地说明停发三个月汽油补助费的原因，征求王经理的看法，王经理说："这样很好，反正我人在外，没有开车上下班，事实上也没有花费这笔钱，我觉得很公平。"

总经理非常高兴，一方面认为自己果断判决，相当准确；另一方面也觉得王经理脑筋清楚，是非分明。想不到一个星期之后，王经理提出辞呈，而且坚决要离职他去。大家苦劝，他也不改初衷，并且口出怨言："连那么一点钱都计较，我在这里继续做下去，内心会很不平衡。"

王经理的做法，似乎反复无常，究竟为什么？

李经理查获熊课长的属下阮君在上班时间看小说，他认为阮君的行为已经触犯公司规章，理应议处。虽经熊课长再三保证，那是阮君家人托他下班时顺道拿去归还，阮君怕到时忘记，才放在桌上的，李经理仍然不予采信，坚持非办不可。于是签报总经理核定，予记过一次，以儆效尤。

阮君不服，依照公司规定提出申诉。此案经申诉委员会调查属实，并无上班时间看小说之事。总经理依据申诉委员会报告，要求李经理取消对阮君的处罚，李经理口头答允，却拒绝付诸行动。

李经理的行为，好像顽固而不讲理，果真如此吗？

请问：

1. 王经理为什么如此反复无常？是不是口是心非，或者嘴巴上说好听话，而心里头却不是这样想？

2. 李经理为什么要处罚阮君？能不能稍微深入地分析一下？

3. 总经理对王经理领取汽油补助费事宜，最好如何处置？

4. 李经理对阮君的事宜，最好如何处置？

5. 王经理和李经理的不当表现，其根本原因在哪里？

分析：

1. 公司发给汽油补助费是总经理核定的。在王经理出差期间，又补充一条，规定出差超过一个月者，停发当月汽油补助费，请问补充规定的时机合适不合适？会不会引起"针对王经理而来"的传言？

在总经理心中，完全是对事不对人，但是王经理的想法又如何？说不定上一次朱经理出差一个月，并没有扣发汽油补助费，为什么偏偏选在他的身上，开始实施这种规定？

总经理认为"这一点小钱，王经理大概不至过分重视"，而王经理呢？他却埋怨"公司连这一点小钱都计较，我拼下去实在不值得"。同样认为"小钱"，评估的角度不一样，结果产生很大的差距。

王经理在总经理解释停发的原因之后，并未觉得有什么蹊跷，所以坦然地说出赞成的话，可见他的确不是为这一点小钱而斤斤计较。

但是，王经理回到家里，可能提起这一件事，王太太的反应如何就十分难料。她可能和王经理一样，觉得无所谓；也可能很不高兴，认为出差那么辛苦，差旅费又不高，现在竟然动脑筋要扣汽油补助费。然后她可能以算总账的方式，来列举公司亏待王经理的事实，弄得王经理一肚子火。

然后在公司里，难免有人喜欢搬弄是非，如什么人向总经理反映，什么人极力敲边鼓，以及总经理在什么情况之下做出这样的裁决。王经理本来觉得没有什么的，顿时也疑神疑鬼起来，偏偏这时候又有别的公司前来挖角，便心一横，提出辞呈，一走了之。

公司为了区区三个月汽油补助费，损失了一员大将，划得来吗？就算真的求合理，难道没有更好的办法吗？

2. 李经理处罚阮君，有两种可能：一是公报私仇，一是秉公执法。如果是前者，公司任用他当经理，根本就是一种错误。假如是后者，就算真的处罚错了，他一旦收回成命，请问以后的日子怎么过？经理怎么当下去？

不错，课本上写得很清楚，一个人不可能不犯错，有错误要勇敢地承认。但是，事实证明，职位愈高的人，愈不方便公开认错。

李经理秉公执法，不能确保样样都很确实正当：万一稍有偏失，就要公开认错，请问有谁敢做判决。

阮君申诉,又获得澄清,确实没有触犯公司规章,当然应该还他清白,使其得到应有的补偿。李经理和阮君之间,难道没有更好的解决方式?

3. 王经理出差,有人拿他的汽油补助费做文章。总经理可以听,却不必急于做决定。像这种事,根本不是A、B、C重点管理中的A类案件,大可以拖到王经理回来以后,再来处置,后果比较圆满。

总经理等到王经理回来,让他办妥公事,休息几天,一切恢复正常之后,再把王经理请来,告诉他有这么一回事,然后说:"我希望先听听你的意见,再做最后的决定。而且,这一次你出差期间的汽油补助费,公司也不停发,所以和你本身并没有什么利害关系,你可以充分思考,帮我衡量一下,究竟怎样才算合理。"

王经理回家和太太谈起这一件事,然后又东听西听,有了一些眉目,由于总经理尚未决定,仍然等待他的回音,所以他会把自己的感想和听来的信息,做一番分析,有了吐露怨气的机会,总经理比较容易掌握王经理的动向,而王经理觉得总经理的确十分器重他，相当重视他的感受，自然不容易被人趁机挖走。当然，王经理的条件良好，总经理才会把和他有关的事宜处置得如此慎重。若是王经理本来就不很适任，离职他走，对公司也没有什么损失，总经理就用不着这般谨慎。可见，看人办事，确实有其必要。现在，总经理不当面询问王经理的意见，便做出和王经理有关的决定，对王经理而言，难免有轻视的味道，不能片面指责王经理多疑，听信小话。

4. 李经理把阮君处罚错了，总经理应该请李经理前来当面洽商。首先表明支持李经理的态度："这件签呈，虽然是你签的，但最后核定者是我，所以处罚错的是我，不是你，再说，你是公司重要干部，现任经理职务，无论如何，公司应该大力支持你。"

这种"官官相护"的落伍心态，恐怕又要被看不惯或看不懂的人，大骂为莫名其妙的行径。

李经理听罢，立即表示自己对阮君并无成见，既然申诉委员会查明真相，那就应该撤销处罚，并且要亲自向阮君道歉。这种勇于认错的表现，完全出乎李经理的自动,丝毫不觉得面子受损,结果十分圆满。

如果李经理指称申诉委员会查证不实,有偏向阮君的嫌疑,他不愿意收回处罚。不过,居于整体的和谐,李经理愿意记阮君一个"功",来补回那一个"过"。总经理衡量实际情况,也可以同意李经理的方式,并且亲自请阮君谅解,公司必须支持李经理的苦衷,劝解他反正真相已经大白,对自己并没有什么损害,一切以大局为重,相信阮君也应该接受才对。

5. 这两则个案,表面上看起来,王经理和李经理不对,深入探讨起来,总经理的处置,才是王经理和李经理不对的源泉。

总经理若是善于化解问题,就算王经理和李经理确有不妥当的地方,也能够大化小,小化了,顺利完成和谐的目标才对。

◦ 说明 ◦

对王经理来说,家人的感觉是一种变数,公司同人的传言是一种变数,外界的挖角更是一种变数。有了这三种可能的变数,我们不能怪他说话不算话,或者人前一种话,背后又是另外一种话。

王经理极力赞成某些人的建议,并且主张由自己扣发开始,总经理则裁决按补充规定,不过从公布后第二个月开始实施。有一段缓冲期,使"人"的分量减到最低,然后谁是第一个被停发的,算他倒霉,大家就比较没有话说。

若是王经理坚决反对,列举许多理由,认为公司不应该打这种小算盘,使人一想起来就泄气。总经理可以找原先建议的人,再行沟通,以衡情论理的方式,来决定是否修订新"法"。相信凡是合情合理的法,都会受到欢迎。

这两则个案,有一个共同的缺失,那就是"合法而不合理",以至分出是非却不圆满。

王经理觉得没有面子,一走了之。李经理被要求认错,同样没有面子,坚决抗拒。反过来让王经理参与决定,让李经理自行善后,都是尊重他们的表示。给他们面子,让他们自动地合理解决,这就是"在圆满中分是非"。

要则

1. 中国人绝对有是非，而且也要明辨是非，但是，我们的要求比较高，希望做到"在圆满中分是非"，分是非分到大家有面子，才能够真正圆满。若是分是非却分得不够圆满，那就留下许多后遗症，后患无穷。

2. 圆满的标准，即在不得罪任何人，也就是不让任何人觉得没有面子，这是十分高难度的要求，必须多多用心，不断求改进，才能够做到。拿圆满做目标，却不宜要求自己一下子就要做到，持之以恒，日久自然有成。

3. 凡事不留下后遗症，才叫作圆满。为了追求圆满，一不小心就会掉入乡愿的陷阱，必须特别小心。如果为了防止自己不圆满，却又变成人人厌恶的圆滑，那就更加不圆满了。

第六章
会商的技巧

中国人开会,时常被人诟病"会而不议、议而不决、决而不行"。其实,这几乎是"行之日久",以至于扭曲了原来的本意。

会前充分协调,开会时沟通顺利,圆满达成协议,才是"会而不议"的最佳写照。

议而不决,绝对不是不决,而是不要在公开场合强制表决或径自裁决。拖延一下,待散会之后再来进行协调,以便下一次集会可以轻松地会而不议,顺利解决。

在执行的过程中,如果遇到若干变数,势必有所改变,以资因应,目的在求决议案得以圆满达成任务,才是"决而不行"的本意。

导　言

中国人开会,时常被人诟病"会而不议、议而不决、决而不行"。其实,这几乎是"行之日久",以至于扭曲了原来的本意,才显得毛病百出,好像有百害而无一利。我们若是揭开它的真面目,便不至于有这样的误解。

会而不议——中国人主张"不忧不惧",并不是不知忧惧或者将忧惧置之一旁,不予理会。我们应该事先防范,使自己无所忧无所惧。同样的道理,"会而不议",是指"会议之前,已经充分沟通,彼此有相当的共识,所以开会时不需要商议,很快就能够获得共识"。

中国人开会,初看起来相当形式化。如果的确是事先良好规划、确实沟通,发挥会前的功能,那么,议案报告出来,大家立即无异议通过,有什么不好?

会前充分协调,开会时沟通顺利,圆满达成协议,才是"会而不议"的最佳写照。

议而不决——开会时大家有许多不同的意见,主席不要急着做决定,尽管让大家发表意见。主席并不裁决,也不以表决的方式来达成决议,叫作"议而不决"。因为硬性要求有所决定,势必伤害某些人,使他们很没有面子,对于将来议决案的执行,构成很大的阻力。

中国人私底下比较容易说实在话,也比较容易沟通。在公开场合,多半会说一些冠冕堂皇的客套话,或者见风转舵的附和话,十分不容易沟通。

议而不决,绝对不是不决,而是不要在公开场合强制表决或径自裁决。拖延一下,待散会之后再来进行协调,以便下一次集会可以轻松地会而不议,顺利解决。

决而不行——既经决定,就要切实执行。不过在执行的过程中,如果遇到若干变数,势必有所改变,以资因应,目的在求决议案得以圆满达成任务,才是"决而不行"的本意。由于有一些必要的变更,以至于看起来并未依照决议去执行。问题在变更的部分是否合理,若是合理,大家应该接受;如果根本不合理,当然不会接受。

"决议"与"执行"之间,究竟有多大弹性,这是十分要紧的共识。大家相互信任,而且变更的后果相当良好,才可以放心地"决而不行",否则"决就要行",大家共同努力去执行,不能够擅自改变,才是正理。

由情入理——中国人的会商技巧综合起来,就是依据"由情入理"的原则,以情为先,却必须达成合理的协议。我们知道"聊天""沟通""谈判"并不相同,但是不需要清楚地分开。中国人最妙的就是把三者混在一起,刚开始好像在聊天,使对方无所戒备,然后征求意见,似乎在沟通,忽然据理力争,又好像在谈判。

"情"是"面子",尽量让对方有面子,乃是中国人会商的第一要项。前面所说"会而不议""议而不决",都是顾虑与会人士的面子所采用的有效方式。至于"决而不行",则是大家反过来要给执行者一些面子,让他保有若干弹性,好像"只有他如此通权达变,决议案才格外有效地执行。"

中国人普遍爱面子,用面子做诱导来进行会商,阻力最小,成功的概率最大,何乐不为!

会而不议

个案:

公司召开股东大会,地点选在大家不容易找到,就算找到也很难停放车辆的地方。时间则定于大家最不可能前来的时刻,好不容易赶到,发现会议早已结束,只留下若干服务人员,分发给报到的人一份相当精美的纪念品。

这样设计的目的,无非想到"会而不议"的境界,使所有股东无异议地接受董事、监事们的提案不议而决,纵使有人不满意,也可以进行个别安抚,比较方便沟通。

同业工会为了鼓励大家出席会议,特别礼聘学者专家到场演讲。因为会员们对工会的议案,并不十分热衷。反正决议归决议,对大家没有什么大不了的约束力。开会的时候,往往不能引起大家参与的兴趣,经常会而不议,否则便是各执己见,势如水火,很难达成一致的协议。

总经理召集"经营策略会议",为期三天,把高阶主管和眷属们带到某名胜地区的观光大饭店,他亲自主持,和蔼地说:"这次会议主要在慰劳大家多年来的辛苦,大家享受一下此地的新鲜空气和海边美景。至于经营策略嘛,在最后一天的结束会议中,自然会提出来请教各位。"

欢乐的时光过得格外快,三天时间转瞬消逝得无影无踪。总经理言而有信,向大家提示"内外均衡,多方发展"的经营策略,前后花10分钟,大家便鼓掌通过。而经营策略会议,也宣告圆满闭幕,大家轻松地踏上归途。由于心中有数:慰劳意义大于彼此交换意见，因此也没有人觉得奇怪或抱怨为什么会而不议。

请问：

1. 这种会而不议的情况为什么会发生？
2. 大规模会议为什么很容易流于形式？
3. 小规模会议为什么也常常各说各话？
4. 中国人难道没有办法会而有议吗？
5. 站在个人的立场，怎样参与会议才能说到不死？

分析：

1. 在中国社会，这种"会而不议"的情况相当普遍。追究它的原因，大概有下述三项：

第一，唯恐引起争议，破坏和谐的气氛。开会时，不是异口同声，便是吵吵闹闹，很少平心静气地集思广益。一般来说，主持人德高望重，比较罩得住，大家察言观色，很快就异口同声，呈现一面倒的姿态，显得一团和气，十分和谐。主持人若是罩不住，大家就七嘴八舌，说不定按捺不住，吵架之余，还可能拳脚飞舞。除非主持人功力很高，才有办法让大家心平气和地畅所欲言,并且能够归纳出若干具体可行的决议。

第二,生怕有人声势太大,失去控制。既然召开会议,当然希望出现好的意见。但是,良好意见最好配合特殊的身份。否则"官大学问也大"的法则就要面临挑战。对职位高、身份特殊的人来说,简直是难以忍受的现象。会议时把时间开放出来,让大家有话就说,谁知道好点子会出自什么样的人?万一弄得不好,使不合身份的人造成太大的声势,现场不好看事小,会后失去控制更可怕!尤其时下年轻人精于造势,事后又会趁势要挟。会议造成若干失控的英雄,对管理阶层非常不利。

第三,防止彼此意气用事,形成对立。中国人很怕大家撕破脸,一失和气,就会不择手段地彼此对立,弄得乌烟瘴气。会议如果出现两种极端的意见,而且各拥有一批积极支持的人员。虽然说真理越辩越明,实际上则是越说越伤害对方的面子。这时若是动用表决权,要大家表明立场,逼得大家撕破脸,形成俗称的"王见王"。不但当时气氛紧张,有伤和气,事后也会被人一再渲染,形容成两大派系的对决。除非是不具名投票,否则总有人不情愿地表达自己未必同意的意向,事后更加埋怨而不满。

2. 中国式会议规模愈大就愈容易形式化,便是由于情势不容易控制,只好采取"会而不议"的方式。无论大小事宜,一律委由预先指派的打手上场护航,很快就鼓掌通过。万一冒出一些异议分子,慷慨激昂之余,还会想出若干扰乱会场的点子。会后检讨起来,保证"五分、五分",彼此都有不是。内心则十分好笑,为什么控制不住场面?是不是形势逐渐走下坡,以致被整得灰头土脸?

3. 小规模会议,实际上大家也是各说各话,很快就由够格的人做出结论。这些够格的人,若非老板自身或其亲信,便是老板聘请的专家。好在大家心知肚明,马上见风转舵,十分热切地随声附和。

情势控制得住的时候,大家异口同声地赞美:"这是民主方式的会议,一切的会议,都能够分开讨论,大家也热心投入,言无不尽,知道的事情一定会原原本本地说出来。"如果那一天情势逆转,大势失控,大家又会到处抱怨:"向来都是有民主之名而无其实。谁不知道老板不喜欢听反对的话,只好编造一些赞成的理由,来让他高兴高兴,至少换取大家少挨骂的暂时美景。"中国人深知"此一时也,彼一时也",时势迁移,自然观感也跟着改变。

4.中国人的"变动性",表现在可以"会而不议",也可以"会必有议"。真正在会议上商讨事宜,至少应该做到下列三点:

第一,会前充分沟通,使大家达成共议。会议时目标已经一致,所讨论的只是细节问题。在这种情况下,大家可以畅所欲言。只要说话的人,注意自己的身份,使用合适的口气,保持适当的礼貌,不至于发生什么差错。

第二,主持人不在场,由其亲信代表,并且把主持人的构想表达出来。与会人士看见主持人不在眼前,可以决定自己的态度,到底是应付应付,抑或是尽力参与。如果决定投入,便会畅所欲言,将自己的观点拿来与人商议。

第三,主持人真的没有意见,并且有诚意要听取大家的高见。中国人善于察言观色，很快就明白主持人确有此意，于是放心地把自己的想法表达给大家参考，同时也细心听取他人的观点，彼此交换，以期求得最适当的决策。

可见条件合适，中国人并不是不善于商议。然而，条件不合的概率往往比较大，所以看起来大多"会而不议"，使大家对会议不具信心。

5. 从个人来说，我有三个建议。最好用心体会，并且巧妙运用，才能够"说到不死"地"有会必议"。

第一，会前先把议题看清楚，充分思考，拿自己想要发表的意见与顶头上司商量。"我有这几点意见，麻烦主管代为表达。"上司如果满口答应，表示他不希望我们在会议上太过出风头，威胁到他。若是推辞不说，并且暗示我们不要说出来，我们就应该深入了解其中的原因，再做正确的研判，以决定是不是要说。就算上司希望我们自己发言，也要了解他的真正用意，才做最后的决定。

第二，会议时不要抢先发言，以免"先说先死"，害了自己。高明的人，应该明白"主席真的想听我的意见，自然会问我，若是他不想听，我急着发言也没有用"的道理。并且运用"让别人先说，来观察主席和大家的反应"的战略，看准局势，调整自己的思路。等待适当时机，以期"不说则已，一说大家都会乐于接纳"。换句话说，参加会议的时候，不要随便发表意见，免得毁坏自己的信用。应该"站在不说的立场来说"，务求"言必有中"，说得恰到好处。这一方面增强自己的信用，另一方面也充实会议的内容。这样的态度，累积下去，就会变成具有分量的人。

第三，时机合适，就要发表意见。先前发言的人，有相同的部分，要加以应用，以争取其支持；有相反意见，要避重就轻，以减少其抗拒。对于自己的意见，不必过分标榜与不安。说完之后，如果有人反对或修改，不可马上加以反驳。除非主席指名，最好稍待片刻，看看其他人有何反应。同时自己也进一步考虑，看是需要接纳还是拒绝。适当地坚持自己的意见，以免引起大家的反感。这种不卑不亢的态度，才是自信的表现。

◦ **说明** ◦

站在主持人的立场,我们对于"有会必议"的先决条件,也有三点建议,以供参考:

第一,注意会前沟通,使大家明白开会的用意。如果获得共识,并不需要执意要议。因为不议而有共同的决策,亦属可行。若是大家议论纷纷,或者各执一端,不必一定要求当时就议出一个决定,可以宣布休会或散会,再行沟通,以免形成对立或造成僵局。

第二,尽量少说话,把说话的机会让给大家。主持人不说话,与会人士才会开口。不必重复发言人的要点,以免耽误时间。对多说废话的人,要有办法加以控制或制止。对有宝贵意见而未发言的人,要请他发言,以提升会议的品质。遇到欣赏或不同意的意见,都不能喜怒形于色,更不可以立即加以批判,以免影响大家的发言。

第三,主持人不要亲自提出议案,免得大家碍于情面,做出不合理的决定。主持人若是有提案,最好委由他人提出,大家看不出真正的提案人原来是主持人,才会放心直言,主持人也才有可能听到大家的真心话。若干公司喜欢以总经理提案来讨论,往往得不到集思广益的好处,便是这一原则导致的不良后果。

"会而不议"并非一无可取,至少它证明主持人罩得住,或者会前沟通相当成功,甚至议案本身经过充分思考,大家毫无异议。但是,会必有议可以充分交换意见,对决议案的品质提升以及切实执行,都大有助益。所以会议的主持人以及与会人士的素养,值得大家好好修治,务期在会议中能够合理地畅谈己见,却不至于"说也死,不说也死"。会而不议或者会而有议,正视大家的明智选择,要在求其有效,在和谐中获得合理的协议。

要则

1. 一般人由于长久以来对"会而不议、议而不决、决而不行"十分反感,以致无法深入了解会而不议的真正用意。不但做不到会而不议,而且执意每会必须要议。

2. 实际上由于会前充分沟通,已经提前将会中必须商议的事宜,全部讨论完毕,所以开会时大家均能无异议通过。这样的"会而不议",既可节省会议的时间,又能够促进会议的和谐,提升会议的品质,何乐而不为呢!

3. 由于会前商议,远比会中商议要方便有效得多,因此尽量利用会前商议来代替会中的讨论,使得大家在心理上已经有所契合,会议成为形式上的记录,又有何不可?

议而不决

个案:

汪经理主持会议,张三、李四、王五各自提出一种意见。汪经理要求他们分别说明自己的理由之后,果决地裁示:"我认为李四所提的方案最为合理,就照他的意见去执行好了。"

大家没有异议,便宣告散会。张三走在前面,愤愤不平地说:"这件事以后我不管了,有事找李四就好了。"

王五则懒洋洋地呆坐在会议席上,一动也不动。有人拉他一把,他喃喃自语:"这样也好,没有我的事。"

李四叫苦连天,因为经验告诉他,执行起来,张三、王五都会袖手旁观,甚至故意刁难,使他寸步难行。

龚处长主持会议,赵七、魏八、孙九各自提出一种意见。龚处长听完他们的理由之后,很巧妙地把他们的主张折中起来,形成一个混合式的决议。他得意地说:"三位的见解,都有独到之处,现在留长去短,可以说包含了三位的优点,相信实施起来,一定会有很好的效果。"

大家默不作声,心里好笑:"这样的决议,行得通吗？"赵七、魏八、孙九则各自暗忖："反正不是采纳我的建议，我担心什么？"

刘总经理主持会议，朱甲、倪乙、苏丙各自提出不同的方案。刘总经理冷静地听完他们的说明，客气地征求其他与会人士的意见。发现三者的方案都有一些支持者，也都有若干反对的声浪。大家讲得很热烈，刘总经理却不急于达成决议，他平静地说："既然大家还有这么多不同的看法，我们不必马上做结论，大家回去再仔细想一想，过两天再聚一聚，再来决定。"

大家意犹未尽，一面散会，一面三五成群，继续讨论。刘总经理心中比较肯定苏丙的意见，所以把苏丙请到他的办公室，问道："你觉得你的方案怎么样？"

苏丙心里有数，总经理比较中意他的见解，因此更加谨慎地回答："我再检讨检讨，其实和朱甲、倪乙的方案有很多雷同的地方，我们再商量一下，应该还有更好的办法。"

朱甲、倪乙看见总经理单独邀请苏丙，当然明白总经理的用意。当苏丙前来协商的时候,都谦虚地彼此容纳对方的看法,很快就想出三个人都同意的方案,由苏丙回报总经理。总经理再度召集会议,大家都同意新的方案。主持人平淡地说:"既然大家的看法相当一致,我看就按照大家的意见去执行好了。"

请问:

1. "会而不议、议而不决、决而不行"真的是毛病吗?三者之间,有没有密切的关系?还是可以个别解决?

2. 汪经理和龚处长主持会议的作风,您以为如何?

3. 怎样担任会议主席,才能够达成有效会议的目标?

4. 刘总经理明白苏丙的意见相当高明,为什么不当场说明,却要在会议之后,才把苏丙单独请到他的办公室?

5. 朱甲和倪乙应该采取什么样的态度才算合理?

分析：

1.中国人开会，受人诟病的地方，就是"会而不议""议而不决"以及"决而不行"。这三种毛病有其密切的关系，很不容易分割开来。

其实，真正有本事做到"会而不议、议而不决、决而不行"，而又不产生不良后遗症，才是有效的会议。可惜一般人一方面不容易体会其中的奥妙，一方面也不容易达到这种程度，才加以恶意的批评。

2.汪经理和龚处长属于"会而不议"型，张三、李四和王五，赵七、魏八、孙九，都是参加比赛的选手，汪经理和龚处长扮演裁判的角色。汪经理显然相当独裁，直截了当地判明李四独胜，并且当场颁发奖牌。龚处长则"参与重于获胜"，采取通通有奖的方式，把团体奖牌颁给每一个参与的选手，让他们共同得奖。

汪经理为什么不把讨论的空间开放出来，让在场的其他人士也提出一些观感？他的确很有魄力，也显得十分有担当。但是，当主席的人高高在上，好像比所有其他的人都具有权威性，根本就是大家望而却步、不愿多发表意见的最大阻碍，形成"会而不议"的不利情况。主席当得不好，所产生的会而不议，当然是不好的现象。主席当得好，会前的准备工作做得十分完善，会前沟通的效果也很显著，可以说所有可能出现的问题，都已经在开会之前获得共识。这样的"会而不议"，或者"议而不决"，相信并不是什么不好的事情。

3. 会议主席最好不要以"裁决者"自居。常见若干主席，每当有人发言，便把他当作是"发问者"，自己马上权充"解答者"，立即给予答复，真不知道置其他与会者于何地。会议主席不要忘记自己只是"召集者"，现在充当"主持人"，任何人有意见，都不必急于由自己来解答，却应该隐藏自己的意见，让其他人有机会表达相同或不同的看法，以便集思广益。

主席的话愈少，大家才有愈多的时间发表意见。主席愈没有答案，大家愈肯挖空心思，想出一些意想不到的答案。主席显得没有魄力，大家才敢放心地畅所欲言。

张三、李四、王五三人分别提出意见，他们各自花费不少时间，相信也费了不少脑筋。汪经理凭什么在短短几分钟之内，便断定李四的方案最为合理？

张三和王五当场被泼下一头冷水，弄得灰头土脸，难怪愤愤不平而又闷闷不乐，相信在场的其他人目睹此等情景，也会暗自警惕，随时准备承受这种不近人情的裁判。能不说话就不说话，总归比较保险。

龚处长自认为包容了赵七、魏八和孙九的意见，其实他误解了"中庸之道"的真义。"中庸"的意思就是"合理"。赵七的意见合理，应该采用赵七的意见；魏八的主张合理，应该决议以魏八的主张为定案；孙九的想法比较合理，也要以孙九的想法来执行。哪里可以把三者的论点混合调和，弄得"四不像"呢？

会议主席也不是"调停者"，不需要扮演"和事佬"的角色。常见若干主席，自己缺乏主见，又没有能力做正确的判断,便东凑西拼,做成一个不着边际的综合性决议。提出意见的人,各自被采纳了一部分,虽然不好意思再坚持下去,却也不觉得自己有多大的责任,所以不必尽心尽力使决议案顺利地贯彻实施。

4. 刘总经理毕竟经验丰富,明白自己有主见,也能够判断苏丙的意见高于其他两案,但是既然是会议,就应该把讨论的空间让出来,使大家有机会可以畅所欲言。他切实做到"会而有议",却又居然"议而不决",为什么呢?

中国人普遍爱面子,任何人的意见如果未被采纳,就会觉得没有面子而产生种种偏差行为。刘总经理深知在会议中裁定任何一种方案,都会伤害未被选中的人。他也知道就算勉强把大家的意见结合起来,大家未必心服,甚至可能认为大家都没有面子,并不是良好的办法。

换句话说,如果会议进行时,大家的看法有分歧,很难达成一致的协议,那么,最好的方式便是"议而不决"。因为硬性要求有个决议,势必伤害若干人，后遗症令人担心。

刘总经理有功不居，不求处处表现自己的魄力。他知道苏丙的意见合理，却为了顾全大家的面子而暂时不表现出来。但是他也明白中国人根本没有秘密可言，所以在会后把苏丙请进自己的办公室，让大家了解苏案较受他的重视，希望大家能够尽量支持，协力共进。

5. 朱甲、倪乙如果明白道理，就应该感谢总经理顾全自己的面子的一番美意，心平气和地重新把自己的看法和苏丙的主张做一些比较，做一些评估。在合理的情况下，尽可能支持苏案的主旨，把自己的智慧也融入苏案之中，使其更合理、可行。

苏丙从总经理室出来之后，应该诚心诚意地分别向朱甲、倪乙请教，以求自己的方案能够更趋充实而合用。朱甲、倪乙也应该向苏丙表示诚意，以"我们两案之间，其实并无太大差异"为由，将自己的智慧加进去，真正融合为一，得到一致的协议。

等到下一次会议时，大家很快有了一致的协

议,总经理当然可以平淡地做出决议。这种一致性的看法,如果是"未经充分协调,便由任何人单独提出",那就非常可怕。假如是"已经充分协调,大家自然趋于一致",那就十分可爱,值得费时费神去追求。

◦ 说明 ◦

中国人"议而不决"并不是"不决",而是"不可以勉强做出决议"。有趣的是中国人"会议前比较容易沟通""会议后也比较容易沟通",偏偏"会议进行中最难沟通"。我们若是坚持"会议必须决定",那么势必不顾一切后果,非决不可,显然不是明智的做法。

"议而不决"是因为会议前沟通不良,所以难决,绝不是存心不决。但是,"议而不决"的解决途径,则在于"会而不议",会前良好沟通,会时就没有什么好议。中国人常常把会议当作一种形式,其实是"会前已经充分协议",以致"会中几乎没有什么可议",所以表决如仪。

协议的结果不一定按照主席的暗示,这才是"议而不决"的主要精神。主席的见解如果是正确的,大家很快趋于一致。主席的决定如果是不正确的,朱甲、倪乙就应该主动找总经理再做进一步的沟通,使总经理在达成决议之前,有机会修正自己的看法,而又不失面子。

刘总经理把苏丙请进总经理室,并不直接告诉他,打算采用他的方案,希望他去协调朱甲和倪乙,却仅仅问他:"你觉得你的方案怎么样?"这便是一方面要苏丙继续研究,一方面预为自己留下退路,万一后来朱甲或倪乙合理坚持而又实在比苏案更佳,还可以转而支持朱案或倪案,使其顺利获得一致的协议,这才是中庸之道的本意。

要则

1. 要"议而不决",最好做到"会而不议";要"会而不议",必须会前充分沟通,而且真正有所协议,可见并不是简单的事。

> 2. 如果会前沟通良好，仍旧"会而有议"，那就是情势有所改变，以至协议必须变更，主持会议的人，大可不必急于"议而有决"，不妨拖一下，待会议过后，再来充分沟通，免得节外生枝，弄得草草决议，却又"决而不行"，更令人伤心不已。
>
> 3. 不可以存心议而不决，否则会议就会变成形式，收不到会议的实际效果。也不能够务求议而必决，否则就会只求达到目的而不择手段，种下许多祸根，将来再来化解，势必增加很多不必要的会议成本。

决而不行

个案：

公司规定，出差回来一星期内要结报差旅费。

许多人逾期未报。主办单位提请会议公决：切实依照公司规定执行。然而，迟报的人依然故我，主办单位竟然也不敢依照决议案而行。

会议通过：业务人员不能附带贩卖本公司营业项目以外的东西，否则轻者罚款，重者解雇。但是，业务主管睁一只眼、闭一只眼，不愿意切实执行。

单位提出计划，会议审核后修正通过。部门拿回来，并不依照修正案，却我行我素，按照原来的计划去执行。有人追究起来，一句"修正案根本行不通，只好依旧这么办"便搪塞过去。

每次会议，多少总会有一些决议。大家一阵讨论，尘埃落定，期待会后好好认真执行。可惜决而不行，或者行而不力，几乎成为众人皆知的事实，这是什么道理？

请问：

1. 决而不行真的是错误的行为吗？
2. 决而不行的真正用意是什么？
3. 能不能举例说明决而难以执行的事宜？

4. 决议案若是窒碍难行,如何是好?

5. 百分之百依照决议案而行,实际上做得到吗?

分析:

1. 我们发觉决而不行并非一定是错误的行为。例如公司规定出差后,一星期内必须结报差旅费,对一般人来说,应该没有什么困难。可是对某些人而言,的确有些急迫。因为他回来之后,许多工作等着他决定或处理,根本没有时间结报。若是坚持依照规定处理,似乎"合法而不合理",令人有不近人情的感觉。

有人主张,决议案应该合理,就可以完全断绝例外地切实执行。事实上这种高调唱起来容易,做起来实在有困难。就以差旅费的结报期限究竟多少天才算合理来说,恐怕也是见仁见智,不易获得一致。如果说既经决议,便要遵照实行,这初听起来相当有理,深究之下,却又觉得"宁可让他缓几天办理,先把要紧的事务处置妥当,才更重要"。事情是比较之下,才知道轻重缓急的。请问一个人放着急要的工作不办,为了赶在期限内结报而专心计算差旅费,果真合理吗?

2. 决而不行,如果是为了因应实际需要而有所变更,可以视同"持经达变"的权宜措施,不能说一定不可行。有人认为变更决议案当然可以,不过应该征求大家的同意,然后才能够合法地改变。这种观念固然正确,却也有行不通的时候,例如召集会议不易,或者必须立即决定等,似乎只好信任决定变更的人,待下次会议提出报议,大家虽然未尽同意,却也唯有追认而已。

在执行决议的过程中,难免遭遇时、空、人、物的变迁,有时非变更不可。这种为求确实达成效果而做的改变,固然也是一种"决而不行",但不是令人厌恶的行为。大家不应该把这种改变视为恶意的决而不行。

还有一种可能,那就是执行的对象产生强烈的抗拒,以致无法顺利执行。这种情况,有时是面子问题:由于事前缺乏沟通,一旦提出来,接受者觉得自己没有受到适当的尊重,因而找出许多理由,要求变更执行方案。而执行单位,又认为答应对方的要求,无疑是承认自己事先设想不周到,甚至可能引起图利他人的猜测,以至于固执己见,丝毫不容变更。双方坚持之下,决议案无从实施,只好搁置下来,成为另一种决而不行。

中国人为什么经常记取"先说先死"的道理?原因在于某甲率先把自己的意见说出来,某乙如果故意唱反调,很容易针对某甲已经说出来的意见,站在相反的立场,予以辩驳,即使实在找不到驳斥的理由,也可以轻易地批评:"像这样简单的处置,老早就应该做了,为什么拖到现在才动手?"照样弄得某甲十分没有面子。

决议之后,若是被执行的人提出若干意见,执行的人到底接受好呢,还是最好加以拒绝?答案还是"很难讲"。虽然说"合理的应该接受,不合理的就应该予以驳回",但是,什么叫作"合理",由于理不易明,仍旧十分难讲。常常决议案拖了很久,依然不得执行,双方都有不是之处,却也不是容易解开的一种死结。只好继续沟通,再想办法。

3.譬如会议决定，业务人员不能附带贩卖其他物品，请问如何切实取缔？被抓到的人矢口否认，没有被抓到的人又绝对不肯无缘无故地自首。主管抓到某丙，呈报上去，马上将他解雇倒也罢了。万一呈报上去，上面的人只是笑笑，骂他几句，并不照章解雇，以后如何相处？再说，现在社会混乱，某丙遭受解雇，会不会找一些不相干的人前来报复？如果某丙提出异议，又如何处置？

这种令人做也难、不做也难的决议案，决议的时候固然不会遭遇很大的麻烦，而执行时的困难重重，恐怕也不是局外人所能够充分理解的。若是因此决而不行，我们可以把全部责任都推到执行者的身上吗？

有人主张业务主管如果监督不周，亦即取缔不力，应该连带受到处罚，利用这种连带责任，使任何被抓到的业务人员，不至怀恨主管的多事。然而，这样一来，业务主管岂非天天坐在火罐上，只要有人被检举，他就要受到连带处分，万一离职人员伪称自己夹带私货，未被主管查获，公司对业务主管是办呢，抑或不办？

4.决议案若是窒碍难行,就应该设计一套辅助系统,以利切实执行,不能够一味指责决而不行,弄得大家口是心非,形成阳奉阴违的不良习惯,也使公信力不彰,令人失去信心。

至于单位提出的计划,会议审核时给予相当的修正。请问修正得合理,究竟有什么标准?如果原单位仅仅为了赌气,故意不依照修正案实施,当然不是好现象。假如原单位在执行过程中,确实无法按照修正案去做,不得已再依原案而行,就不能算是决而不行。

5.百分之百按照决议案执行的情况其实并不多见。是不是完全依据决议案去执行,端视审核者的立场而定。以品管观点来看,执行的结果有其上下限。上下限放得大些,就认定其为依决议而行;上下限抓得紧些,亦即把范围缩小一些,便会觉得离决议案颇远,产生决而不行的观感。

中国人的是非,并不十分明确。同情的人,会拿"同"的眼光来观测,因而肯定一切依决议而行。有意找碴儿的人,会拿"异"的标准来衡量,以至断定一切决而不行。俗云:"公说公有理,婆说婆有理。"官官相护,显得很有道理;兄弟反目,便会扯出许多无理的事情。

人与人之间必须具有相当的责任,才能够做事情。否则怀疑、挑剔,甚至有意丑化,再美好的结果都会被破坏掉。同样一种结果,有些人十分满意,认为已经尽力依照决议在执行;有些人则怒气冲天,痛责执行的人私自变更决议案,实施得相当离谱。立场不同,观感自然不一致。

◦ 说明 ◦

就中国人而论,执行的人多半肯定自己依照决议而行,旁观的人,如果事不关己,大概不会多花心思去理会。被执行的人,对自己有利的,便觉得执行者十分公正,一切依决议在进行;对自己有害的,就会抱怨执行者偏私,专门找自己的麻烦。

如何化解相关人员的心理障碍,才是决而必行的主要工作。不然的话,不满意的人就会造势、抗拒、破坏,使执行受到阻碍,又形成"决而不行"的流弊。

当然，我们不能否认，有一种令人厌恶的决而不行，使人觉得不吐不快！

迟报差旅费的人，若是职位低而关系差，主办单位就猛打官腔，晓以公司规定，命令如限办理结报；如果遇到职位高而关系良好的人，主办单位便低声下气，什么话都不敢说。事实上一些斗胆迟报的人，大多自己经过一番衡量，谅主办单位也不敢把他怎么样，这才放心迟报不报。旁观者居于"公平"的心态，就会愤怒不堪。其实，只要念头一转："我们凭什么跟他比？"也就心平气和，减少许多不必要的精神消耗。

中国人在"不合理的公平"与"合理的不公平"之间，往往偏向于"合理的不公平"。有了这样的认知，许多不平的怨气就会归于平息，用不着在这些地方斗气。

同样业务人员，夹带私货的，主管不闻不问；奉公守法的，主管反而经常提示：不可违反公司规定。这种"不合理的不公平"，大家当然不能接受。主管私心，以私害公，大家则怒心勃勃，为了争取公理，维护正义，便推派代表，向上级报告，要求迅速改善。

具有私心的决而不行，实在不可以原谅。否则大家都变成乡愿，会议的效果必然等于零。

单位提出计划，会议时有人加以修正，当时所用的语气和蔼，出发点又十分诚恳。主办人却一意孤行，始终不愿意接纳，抱持"决议由你们决议，到时候我爱怎么办就怎么办"的心态，便是不合理的坚持。

任何人坚持到不合理的地步，已经属于刚愎自用、目无他人了。这样的态度，执意决而不行，反而拍胸膛夸口："一切责任由我全部负责。"好像不违反决议案就不痛快，实在令人觉得遗憾。

采取不合作的决而不行，同样得不到大家的谅解。因为这一件事某甲不合作，那一件事某乙不合作，公司就会四分五裂，混乱得令人不安。

要则

1. 决而不行，要看它的实际内涵，才能够判断其得失。中国人变动性特别大，常常有决而不行的象征，应该更加小心判明，不要盲目指责、埋怨，免伤和气。

2. 决而不行，若是存心不依据决议案而行，当然不能发挥会议的功能。这时候还要进一步追究是否有营私舞弊或者图利他人的不良企图。

3. 决而不行，如果是居于因应会议决定之后所产生的变数，并且用意在真正落实决议案，使其可行而且更有效，这种决议之后，执行阶段的合理调整，应该加以鼓励才对。

由情入理

个案：

李总经理召集主管汇报，他主持会议，说："大家都很忙，开会的时间不要拖得太久，最好不要超过90分钟,希望大家把握时间,好好利用。"

致辞完毕,他首先说明汇报的主要议题是研讨海外投资案;接着把公司的构想和进展的情况做一番描述,当中夹杂着他多次出国所遭遇的一些观感。他整整说了70分钟,赶忙停下来说:"时间不多,还剩下20分钟,请大家多多发表高见。"

大家你看我,我看你,没人说话,总经理一看大家没有话讲,接着又说:"如果大家客气,我看就照这样分头去办好了,散会。"

王经理主持会议,大家发言十分踊跃。萧君担任记录,却是叫苦连天。因为大家七嘴八舌,说的都是题外话,不是借机会发牢骚,便是抓住话题吹嘘自己,大家说得很热闹,萧君根本无从下笔。

好几次王经理都重新把讨论的主题再说一遍,大家依然无动于衷,爱说什么就说什么,爱怎么说便怎么说。

王经理掌控不住,只好无奈地说:"这样吧,我们另外再找时间,希望大家能够事先把意见归纳一下,尽量配合主题,以期早日结束。"

以上两种截然不同的情况,前者过分保守,而后者似乎过于新潮,事实上并存于现代社会,而会议效果几近于零,则是殊途同归,彼此一致。

请问:

1. 李总经理主持会议,开场白把时间的限制说得十分清楚,好不好?自己用掉那么多时间,对不对?

2. 中国人不太喜欢在开会时第一个举手发言,以免引起反感,这是什么道理?

3. 李总经理身为会议主席,最好如何调整自己的态度,比较合理?

4. 王经理主持会议,为什么几乎完全失控?

5. 这种过分保守和过于新潮的会议,高见如何?

分析:

1. 李总经理将"宣布开会"的功能改变为"开宣布会"。整个会议,只见主席宣布,未见众人讨论或表示意见。这一类主持人,对麦克风情有独钟,不拿则已,一拿到手就不肯罢休。他长篇大论，甚至重复申述，毫无顾虑地疲劳轰炸，或者不知所云地盲目训练，弄得大家没精打采，更懒得动脑筋思考，当然没有什么意见。

曾经有一位干部，坐在会议席上听讲，迷迷糊糊中，竟然幻想自己勇猛地站起来跑上主席台去抢麦克风。幸亏倒茶的小姐及时问他要不要换一杯热的，才把他的魂魄喊回来。而他也立下决心，不再观看电视新闻，以免产生这种先抢麦克风，后把它扯断的坏念头，引诱他做出惊人的举动。但是，话说回来，他实在很难忍受主席的唠叨，觉得十分受罪。

李总经理一开始就说明会议的时间，限制在90分钟以内。这种明白指示，实际上并没有错，但是大家听起来，可能变成"不希望有太多意见"的一种暗示。然后李总经理一口气说了70分钟，大家心中有数，总共只有90分钟，自己使用70分钟，更加证实他根本没有让大家发表意见的诚意，何必煞风景呢？

我们并不反对在会议开始的时候，甚至在会议通知单上面说明整个会议所能使用的时间,促使大家长话短说,尽量把握有限的会议时间,做出最有效的利用。但是主席本身,必须妥善控制时间的分配,以身作则,把会议时间掌握好。

2. 中国人在主席报告完毕,要大家发言时,通常会有一段沉默期。一方面表示谦虚,礼让给有更好意见的人,优先发表高见;另一方面则表示慎重,听完报告,再仔细考虑一下,这样提出来的观点,应该比较正确。

凡是长期观察会议进程的人,都不难发现一种共同的现象:经常第一个发言的人,若非事先安排,便是信口胡扯。前者纯属护航,绝无高明的见解;后者属于"不说话会死"的人,不可能有精彩的内容。所以抢先发言,给人不必重视的感觉,反正不是存心讨好,便是想到就说。当然,新的潮流带来新的局面,那就是抢先发言,以便制造纠纷,让新闻记者的镜头对准自己,享受"秀"的乐趣。

3. 李总经理身为主席,应该尽量少说话,把时间开放出来,让大家好好商量。自己要抱着"置之死地而后生"的心态,不管大家说不说话,自己就是不说话。主席不怕冷场,耐心等几分钟,与会人士当中,自然出现按捺不住的冲锋队。大家等几分钟,主席却认为大家没有意见,反而会被大家用来证明"根本不希望大家发言"的猜测。

4. 王经理可能年轻识浅,或者缺乏声望,所以镇压不住会场中的热战。大家发牢骚、穷吹牛,主席竟然眼睁睁地毫无办法,可见大家对他一点不尊重,丝毫不接受他的节制。这种作风,不能叫作"随和",也不是打成一片,已经是失去控制,呈现无组织状态,谈不上主席非主席了。

不过,王经理也可能年迈昏庸,甚至不谙会议规则,导致大家存心闹笑话。有人想气死王经理,干脆利用会议来演出闹剧。有心人发动在先,平日觉得委屈的人,就会趁火打劫,在混乱中出一口闷气。

5. 过分保守的会议,请求伦理重于解决问题。随时要小心提防,以免被扣上不尊重伦理的大帽子。过于新潮的会议,解决问题优先于请求伦理。

随时要用心防范，以免被借口解决问题的人，任意造成伤害。

这两种方式，都不能满足"好好商量"的需求。参加过分保守的会议，有口难开，动辄得罪人。坐在那里看人家有呼有应，自己则苦于有理难伸，当然是一肚子火。身处过于新潮的会议，恍惚置身菜市场中，鸡鸭乱飞乱跳，各人只热衷于自己的问题，对旁人视若无睹。对于真正想解决问题的人，更是一种莫名的苦恼。

◦ 说明 ◦

合理尊重伦理，依法解决问题，才是"大家好好商量"的正道。所谓"伦理"，正是"人与人相处的联系纽带"，也是英国人类学家费尔斯所说的"社会的水泥"，目的在把社会中的人结合起来，发挥安定社会秩序的功能。

问题当然需要解决，有意见自然应该说出来。但是，必须以尊重伦理为前提要项，在伦理的范围内，充分表达意见，才能够达成"好好商量"的理想。

总经理主持会议,要确定自己的身份仅仅是主持人。开场白越简单越好,把主旨说清楚,让大家有一个明确的目标,尽快进行讨论,以期在有限的时间内,达成决议。为了大家能够充分交换意见,最好会前有所沟通,至少也要把相关资料分发给有关的人,使大家有时间做好准备。

会前圆满沟通,开会时不容易引起歧见,很快就出现相当一致的看法。这种看起来形式化的会议,其实功效显著,参与的人都很有面子。我们不能一竿子打到底,认为所有形式化的会议都是没有效果的。

会前无法达成协议,或者达成协议而有人翻案,开会时主席要装成若无其事的样子,拿平常心来主持会议,不可以愤怒地指责若干人不守诺言,阴谋推翻协议。就算有人慷慨陈述,主席也应该平静地说:"不会吧!恐怕这是误会!"才能够"大化小、小化了"地顺利进行,也才能够圆满地达成协议。主持人这种作风,既非乡愿,也不是圆滑,而是身为主席,就应该设法让大家平心静气,理性地进行沟通。

参加会议的人,有意见最好会前沟通时便提出来,不要会前沟通时表示自己没有意见,却在会议时让隐藏的黑马到处乱闯,弄得大家十分生气。如果临场产生灵感,也应该私下向负责沟通的人提出异议,征求相关人士的同意,才公开表达出来。

发言的时候,首先,不要把别人当作傻瓜。有些人一站起来,便标榜自己"具有这方面的专业知识,不说对不起自己的良心";有些人一开口就宣称自己"拥有许多第一手资料",暗示旁人并不熟悉内情;有些人吹嘘"我看到法国人如何如何",炫耀自己到过巴黎;有些人夸口"经过多日的思考",好像别人都是不经大脑便说出来。这些情况,不外乎自视高人一等,把别人都看成白痴。

其次,不要威胁别人。有些人喜欢说:"如果各位有更好的意见,本席不反对。"有些人动不动就是:"若是本案不能通过,本人即将辞职,以示负责。"有些人则明示:"本案老板已经点头称许,各位还有什么高见,不妨直言。"种种威胁,无非希望自己的建议被接纳。采用比较婉转的口气,不是更好吗?

还有,不要把责任统统推给主持人。主席固然不见得处置正确,我们既然身为会议的一分子,也应该合理地坚持。一个人不可以盲目地坚持己见,那样显得十分霸道;同时也不可以毫无意见,任人摆布,对自己而言,这也是一种不负责任的心态。合理地坚持自己的想法,彼此互动,才是大家好商量。

要则

1. 中国人不善于会议,以至于会议不是一面倒,便是死对头。前者容易"和稀泥",弄得没有是非。后者则"不争则已,一争就要你死我活",往往极端情绪化。主席和每一个参与会议的人,必须把持"大家好商量"的心态,认清楚"谁也未必全对",一切依法找到合理点,做到在法的范围内衡情论理,才是由情入理的最佳途径。

2. 由情入理的要旨,在于透过彼此之间的情感交流,促使双方都能够自动调整自己的观点,力求合理。双方都自求合理,都觉得很有面子,受到主席和与会者的尊重。因而自己约束,必须自动讲理,和大家好好商量,以求得合理的结果。

第七章
合理的兼顾

中国人重视"兼顾",希望我们凡事不要一厢情愿地从单一方面去探究,而应该从多方面,站在不同的角度来观测和评量。

表面上看起来,中国人"好不好都犯忌""听不听都可以""招不招都不行",甚至"罚不罚都有理",简直乱七八糟,毫无道理。

实际上,五千年文化的熏陶,培养出中国人为人处世的特殊技巧,使我们擅长"清清楚楚地含含糊糊"。

导　言

中国人重视"兼顾",希望我们凡事不要一厢情愿地从单一方面去探究,而应该从多方面,站在不同的角度来观测和评量。

合理的兼顾,可以倒过来说:"兼顾到合理的地步。"合理不合理,乃是兼顾得有效与否的标准。

表面上看起来,中国人"好不好都犯忌""听不听都可以""招不招都不行",甚至"罚不罚都有理",简直乱七八糟,毫无道理。

实际上,五千年文化的熏陶,培养出中国人为人处世的特殊技巧,使我们擅长"清清楚楚地含含糊糊"。其中最主要的用意,至少包含下列三点:

第一,替问话的人保留面子。问话的人,听到清清楚楚的答案,往往会觉得自己怎么连这么简单的道理都不懂,因而自觉难堪。现在答话的人,含含糊糊,根本听不清楚,使我觉得"不是他说得清楚,而是我听得明白",相当有面子。

第二,坚持不说谎的原则。照实说,大家不好受;不照实说,分明在说谎。于人,我们说得含含糊糊,既不说谎,又没有照实说,岂非两全其美?

第三,提醒对方问得没有道理。人家问一些不应该的话,我如果不回答,甚至明说他不应该问这种问题,他一定觉得没有面子,万一恼羞成怒,对我不礼貌,我也会连带受罪。若是我照实回答,自己保护不了自己,恐怕也会惹人笑话,所以我就答得含含糊糊,让他明白他不应该问这种问题,或者不应该这样问。

对别人的话,我们居然主张"听不听都可以",实在十分奇怪。中国人听话的态度,可以说是"既不要听,也不要不听",亦即"要听,也不要听",或者"不要听,也要听"。反正中国人听别人说话,多半抱着"你说归你说,我听归我听,我才不信你的道"。中国人说"不信",又是"站在不信的立场来信",目的在"相信得恰到好处"。

处理事情,我们也懂得"兼顾",例如工厂招不到人,我们的态度是"招不招都不行"。拼命去招人,结果人来了就走,越招人越少。不用心招人,工厂缺乏人手,许多工作要停摆。

在"招人"与"不招"之间,我们有许多大道理,如果不沟通,不能建立共识,结果就会互相埋怨,解决不了问题。若是在若干观念上建立共识,则招与不招,都能够有效解决问题,这才是我们的奥妙所在。

中国人喜欢本着"原则"而行,不可"离经"。不过,我们知道坚持原则可能引起别人的不悦,甚至因而得罪人。所以我们在"坚持原则"之前特别加上四个字,那就是"广结善缘"。用广结善缘来坚持原则,才是真正的"权不离经"。

广结善缘,叫作"圆";坚持原则,谓之"方"。内方外圆,就是用广结善缘来坚持原则。

天圆地方的传统观念,使我们巧妙地把"方"

和"圆"结合起来。内心十分坚定,有原则,外表相当圆通,能在圆满中分是非。阴阳两极构成的反S曲线,象征中国人"圆变方""方变圆"的兼顾行为。

好不好都犯忌

个案:

李君毕业于某商学院,他一直努力要做一个现代化的商人。

刚踏入社会不久,他发现商场上有许多不知道从哪里来的习惯和做法,根本是书本里找不到的。例如彼此见面,难免问及近况如何。大家的答案似乎不约而同,不是说"差不多",就是回答"马马虎虎"。

李君相当不满。这种含糊不清的话语使他十分气愤:中国人为什么始终摆脱不了农业社会的恶习?他坚决地告诫自己,绝对不容许如是这般地同流合污,务必树立新的作风,塑造自己的良好形象。

有人问他:"近来怎么样?"他就据实以告:"还很不错,利润相当地好。"

结果呢?好朋友全跑光了,坏朋友都闻风而来。事后他再三深入探讨,才了解原因并不简单。

请问:

1. 李君依据实际情况,告诉朋友利润相当好,为什么好朋友都跑光了,坏朋友却闻风而来呢?

2. 若是引来朋友向李君借钱的念头,如何是好?

3. 李君若是想通了说好会惹事的道理,改口说不好,又将如何?

4. 说好、说坏都不成,怎么办?

5. 把话讲得含糊不清,有什么意义?

分析:

1. 李君把话说得这么清楚,当然可能导致这样的结果，分析如下，以供参考：

第一，没有赚到钱的人，听说有人赚钱，心里总不是滋味，如今竟然当面说出来，更带有一点示威的味道，使人难堪之至。

第二，赚到钱并不是坏事。依中国人心理，赚到钱的人就应该请客，表示有福同享，现在只夸耀赚钱，却没有请客的举动，这种有钱朋友有何用？不如离开一些，免得越看越不对劲。

第三，同样赚钱的人，看别人赚钱总归比较轻松，回头看自己赚钱很辛苦。于是怨自己劳碌命，同时也看不惯别人那样方便地赚钱，心里不舒服，态度上就不会那么客气，偶尔还会在其他人面前讥讽几句，或者轻薄一番。

再怎么说，李君这种态度，可以说毫不顾忌听者的感觉。深一层分析，就是心目中没有他人的存在，才会这样表现自己。

若能将心比心，站在听者的立场想一想，便会有所顾忌而稍微含糊一些，至少表示对听者的一种尊重。

2. 更糟的是借钱的朋友来了。既然"很不错，利润相当好"，朋友有通财之义，周转一些乃属理所当然。手一伸出来，不拒绝伤脑筋，拒绝又伤感情，真不知如何是好。还有一些朋友，专门打听买什么、卖什么，才能利润相当好，大家一窝蜂挤进来，恶性竞争，谁也不要想赚钱。这种凑热闹的朋友越多，自己越倒霉。

又要夸耀自己很不错，所经营的项目利润相当好，又不肯借钱给朋友，帮助其渡过难关，这种人吃一些苦头，想来也是应该的。

李君想通了：钱财不露白，是物质方面的警惕；逢人不说生意好，则是精神方面的告诫。不但不可以说很好，最好不要说"好"，以免惊动对方。

3. 假定从此以后，李君改变主意，遇见人家问及近况，他决心不泄露半点"好"意，表示尊重对方。"好"的反面是"坏"，所以他说："不好，情况相当坏。"

结果呢？依然是好朋友全跑光了，坏朋友都闻风而来。李君百思不得其解：为什么大家听不惯

"好"又害怕"坏"呢?

第一,朋友听到李君的回答,相信的人,就会联想到李君的运气不佳,为了怕被他传染霉气,逃得远些应该是上策。不相信的人,则认为李君不够朋友,又没有向他开口借钱的意思,何必先叫坏装穷?和这种人在一起实在没有必要,干脆离得远些算了。

第二,不迷信的朋友,真的怀疑李君一开口就说情况很坏,莫非接下去便会伸手借钱?不如三十六计,走为上。

第三,既然李君所从事的行业赚不到钱,并不值得花费时间去打听详细的内容,也就没有什么可以谈的。话不投机半句多,彼此打个招呼,再见!

至于若干听到李君的情况相当坏,而又迎上来有话要讲的人,更令人担忧和畏惧。他们不是希望李君放下现在的工作,引诱他跳槽到那些轻松而待遇优厚的不良行业,便是存心趁此机会吃掉李君的东西,叫他赶快廉价脱手,早跑早好。

可见把自己的处境描述得不好,对自己也相当不利。不是被怀疑假惺惺、装穷,便可能被看成倒霉的瘟神,赶紧退避三舍。

4.说好不成,说坏也非常可怕,李君忽然想起,难道大家所说的"差不多""马马虎虎"果真有些道理?他开始放弃往昔的厌恶心情,尝试着回答:"差不多。"

结果呢?人缘变好了,大家对他比较友善,比较不猜忌、害怕。这是什么道理?李君想不通,但他至少可以肯定,不管什么情况,每当有人问起"近来怎么样",他要先答以"差不多",然后看情形再做进一步说明,相信可以立于不败之地。

"差不多""马马虎虎"这一类的话,含义相当模糊,简直不清楚它所代表的意思。实意是好还是坏,根本无法分辨。李君努力要求成为现代化商人的决心并没有动摇,他认为"差不多先生"非常落伍,不值得学习。然而经验告诉他,偶尔说一些"差不多"的含糊话却相当有帮助,大概"差不多"不是"差不多先生"的专利,不做"差不多先生",可能不需要完全不说"差不多"。说一些"差不多",并不一定就变成"差不多先生"。

中国人普遍脑筋灵光,又喜欢猜测人家的弦外之音,言外之意往往超出要表达的意义。何况言者无心,听者有意,更是增添语言沟通的障碍。

而且,中国人见面喜欢问一些人家不容易答的问题,因此含糊的答语便因应这些需要而产生。

5. 严格说起来,使用含糊不清的答案时,至少代表了三种主要的意义。

第一,委婉地表达"请你不要侵犯我的隐私权",希望对方自省:原本就不该提这一类问题。既然已经提出来,我也不便拒绝作答,所以含糊其辞,使对方明白:问了也等于白问。

第二,坚持"诚实不欺"的原则,贯彻"我绝对不欺骗,但是可以保守秘密"的原则,对方想要试探我的机密,我就用含糊不清的话来保密,至少可以达到不扯谎的目的。

第三,保住问话人的面子,使其不难堪。"差不多""马马虎虎"可以表示正面和负面的意义,同时满足两方面的需要,使双方听了都觉得很有面子,不会受到伤害。

◦ 说明 ◦

技术性的问题,千万不可以含糊不清,应该清晰而正确,所以技术人员在回答有关技术层面的细节问题时,务必戒绝这种习惯。一是一,二是二,清清楚楚,正正确确,可能是解答技术性问题的最佳态度。

非技术性的问题,就不用这么刻板。任何事情都说得十分清楚,后遗症相当严重。解答了眼前的问题,却引起更多的问题。为了清楚明白,可能弄得乌烟瘴气,甚至死得不明不白,这是许多人共有的经验。

中国人老早就懂得"不应该含糊时,不可以含糊;应该含糊时,不可以不含糊"的道理。我们厌恶"不必要的含糊",却精于"必要的含糊"。

必要的含糊,可压制住紧张的关系,减少不必要的冲突。在争执激烈时,含糊不清很可能会使事情更为恶化。不必要的含糊，却会造成许多无谓的困扰，使管理的效果降低。

泛泛之交，见面时没有什么共同的话题，顺便问一问："吃过饭没有？"我们多半不会正面地回答："还没有，现在正要去吃。"因为这样一来，势必要顺便也邀他同行，不然就会不知不觉中得罪对方。

我们实在也没有必要说："刚刚吃过。"万一接下去有很重要的饭局，不去十分可惜，岂不断送了自己的另一有利选择？

通常我们会含糊其辞地说："中午吃得比较晚。"或者看看手表，说一句"你呢？"让对方猜不透答案。这种"自留余地"的做法乃是含糊的妙用。运用得恰当，就会因含糊而获得相当的利益。

当然，我们也可以严肃地回答："这不关你的事。"正经地告诉他："以后最好不要问这一类问题。"或者趁机教训他："你侵犯了我的隐私权。"只是这种处置方式，对是对，却并不漂亮。

要则

1. 不顾忌别人的面子，不考虑他人的立场，立即将真实的情况明白地说出来，已经是心中没有别人的存在，当然容易引起听者的反感。就算是无心的过失，无意中得罪他人，也是不智之举。

2. 说自己的情况很好，很可能引起听者的嫉妒；说自己的情况很糟，也可能引起听者的恐惧。无论如何，都将对说的人产生不良的后果。所以在说好或说不好之前，最好先仔细想想可能引起什么样的后遗症。

3. 如果没有足够的时间考虑，或者一时难以明了听者的立场和感觉，不妨先含含糊糊，等待弄清楚情况，看明白情势以后，有把握时才说得清楚，应该比较妥当，更加安全。

听不听都可以

个案：

某公司举办基层主管训练，礼聘知名学者专家前来授课，希望建立共识，并且获得一套实际可行的方法，以期马上收到良好的效果。虽然事先详密计划、细心沟通，但学者专家各有一套，而且都能够自圆其说，彼此提出不同的主张，弄得大家一头雾水，认真听竟然也理不出头绪。

李学者说："公司最好采取'开门政策'（Open-door Policy），总经理不应该存有什么'越级报告'的观念，每位同人随时可以报告任何有关公司的事项，确保沟通管道的流畅。"

他认为："基层主管如果有事只能向中阶主管报告，万一中阶主管不予理会，或者故意歪曲事实，蒙骗上级，就会对公司造成很大的伤害。"

王专家却指出："一切沟通，都应该按照层级，也就是向自己的直接主管报告，才能确切而且掌握时效,并且保持沟通系统的一贯与流畅,不至于发生脱节的不良现象。"

他坚持,基层主管有事只能向直接的中阶主管报告,即使中阶主管不予理会,那也是中阶主管的责任,与基层主管无关。中阶主管如果存心蒙骗上级,总经理当然会采取适当的措施,不用基层主管担心。

结训时大家趁总经理热心询问有什么意见时,便把李、王两位先生的高见提出来,请教总经理希望基层主管采取哪种做法。

总经理说:"李先生的看法很好,像我本人就不会有越级报告的观念。大家既然是一家人,有话好讲。只要是公事,谁都可拿出来讲。但是层级节制也很重要,直接主管能够解决的问题,为什么不和他商量,为什么要越级?所以王先生的主张也很有道理,许多事情,直接主管才最清楚,先和直接主管联系,的确是能掌握时效。至于希望大家采取哪种做法,这实在'很难讲'!"

请问:

1. 李学者所说的"开门政策",高见如何?

2. 越级报告通常都有正当的理由,高见如何?

3. 王专家一切按层级而行,有没有道理?行得通吗?

4. 总经理为什么认为大家应该采取哪一种方式"很难讲"?

5. 公司成员最好采取什么样的通报方式?

分析:

1. 李学者的一番话当然很好,不过实际情况要比想象的复杂得多。往往门一打开,各种意见便蜂拥而来。是是非非,固然很难辨明;逐一处理,更是费时费力,此所谓"善门难开"。凡是开过门的总经理,大概都尝过这种苦头,不是重新封闭门户,便是疲于奔命却仍然忙不过来。

2. 理论上是"越级要有正当的理由",实际上却是"利用越级的机会制造一些是非",虽然可能是无心的,却徒然增加彼此的怨憎和隔阂,使得沟通管道更加不畅。

最简单的理由是：主管总认为自己公正又公平，部属却常抱怨主管不公正又不公平，彼此立场不一，看法也不可能完全相同。部属如果随时可以越级报告，便越来越不愿意和直接主管沟通。总经理接受越级报告，有时会做出和直接主管不尽相同的决定，部属就可利用这种矛盾，制造出若干不利于直接主管的形势，增加直接主管的顾虑，甚至造成总经理对直接主管的不良印象，无形中扩大自己的晋升机会。

3. 王专家的话虽然也有道理，但实际上如果一切强调层级沟通，很快就会造成"一手遮天"的"山头"，这种层级节制的精神，在中国人的组织里，很容易产生"军阀割据"的局面。一旦"山头"对峙，不但会形成严重的本位主义，而且架空总经理，使其难以掌握全局。

理由十分简单：凡事都必须通过直接主管，于是直接主管就成为"操有生杀大权"的"主人"，视所有部属为"奴隶"而予取予求。反正上级会支持他，有何不可？同时也用不着害怕部属会越级报告，所以不必担心上级会发觉本单位的黑暗面。

4.这位总经理毕竟是中国企业的总经理，深深知悉有关我们中国人的事情，几乎都"很难讲"。我们且站在很难讲的立场，来讲一讲中国人对于权宜应变的做法。

我们要视"层级沟通"为"经"，"越级报告"为"权"。一般情况，应该按照层级，有事即向自己的直接主管报告，才是"常道"，就是"正常的沟通管道"。特殊情况，例如紧急事项或者正常管道确实走不通，才可以越级报告，因为它是一种权宜应变的方式，乃是一种不得已的非正式管道。

公司成员都必须养成"守经达权"的良好习惯，凡事尽量依照正常的沟通管道，以谋求合理的解决。除非确不可行，或者情况紧急，例如直接主管正好出差或者一时难以联系而又时间十分紧迫，否则尽量不要权变，以免引起常道的曲折或受阻。

这种习惯，说起来就是"站在不要越级报告的立场来采取越级报告的手段",唯有如此,才能够越级越得恰到好处,使我们"中庸之道"(合理化途径)的高度智慧得以充分发扬。

5.总经理对于越级报告的态度,最好是"既不要听,也不要不听"。这种标准的中国式原则,乍听起来有点"废话"的味道,听不懂或者听不惯的人,永远无法领略其中的真谛。

总经理"不要听",部属诉冤无门,蒙受委屈而无法适当地申诉,当然不利于公司。因为日积月累,总有爆炸的一天,到时再来处置,往往棘手难办。

总经理"要听",则部属申诉之后,便应该给予适当的处理,否则岂不更增加部属的反感,对公司失去信心。听完马上处理,问题便显得更复杂,怎样处理?谁去处理?都是牵一发而动全身的难题。处理得正确,严重伤害中阶主管;处理得不正确,对总经理自身的威信,危害极大。弄得不理想,反而伤害更多的人。这种恶果,在实施"开门政策"的公司比比皆是,可惜有些企业主持人自己看不出来而已。

不要听有其负面影响,要听也有其可怕后果。所以既不"要听",也不"不要听",亦即"既不要听,也不要不听",才能够兼采两者之长,去除两者所短。

部属前来越级报告,总经理不可以表示自己不要听,因为这样一来,部属会失望而回。部属前来越级报告,总经理不可以表示自己要听,因为这样一来,听了而没有采取行动,部属会更失望。

◦说明◦

李学者所说的"开门政策",和王专家所主张的按照层级来沟通,都有相当的道理。但是这两位专家学者所说的道理,实际上都不过是部分的道理,并不能代表道理的全部,缺乏整体性。所以实施起来,都有其局限性,产生若干难以克服的困难。

譬如部属越级报告,身为总经理,怎么可以不听?又怎么可以听呢?我们发现许多总经理,都有摸东摸西的习惯,便是应付这种部属越级打小报告的最佳方式。部属前来越级报告,总经理当然要听,才不会伤害同人的感情。但是,总经理千万不可以全神贯注地聆听,否则听得那么认真,听完以后,就应该有所处置,不然申诉又有何用?所以总经理最好边听边摸东摸西,表现出很想认真听而又实在无法认真听的样子,等待部属说完,才苦笑着说:"我看这样,你先同你的直接主管谈一谈,等我这阵子忙过了,我再来找他研究研究,你看怎么样?"然后站起来拍拍他的肩膀,鼓励他几句。暂时告一段落,静待后来的变化。

部属"似乎有结果,又好像没有结果",得到总经理的鼓励,回去向直接主管报告的时候,自然比较理直气壮。直接主管不是傻瓜,很快就会觉察此事已经越级报告过总经理,当然要更小心,秉公处置。而总经理冷眼旁观,便比较容易客观地了解究竟谁是谁非,更可以趁此机会,看看这位主管的作为如何。

直接主管如果合理处置,总经理可以装成根本没有越级报告，只要把原先申诉的同人找来，轻轻安慰几句，便大功告成。直接主管若处置不当，总经理也用不着找他，只要把这位主管的顶头上司找来，问他知道不知道这么一回事，这位主管的顶头上司就会热心去办理，然后领着这位主管前来说明，此时再予处置，犹为时未晚。

总经理应该认真，反而要装作无法认真，这是什么道理？因为认真是必要的，不认真部属必然心生怨恨。但是一旦表现出认真的态度，便免不了马上要有结果，否则就是推、拖、拉作风，违反"以身作则"的道理。只有"实在无法认真"，不至于引起部属的反感。

为什么不可听完申诉马上把这位直接主管找来，三人当面谈问题呢？有人这样做过，结果很不理想，部属和他的直接主管都相当尴尬，彼此要不是表现得十分客气，便是非常不客气，而事后则是一致的：彼此的关系更恶劣，遇事更不协调。

最后，我们要认清，这一切措施的关键观念便是：在不伤害任何人的面子之下，把问题做合理的解决。部属受了委屈,当然可以越级申诉,总经理既认真而又无法完全认真地聆听,便是给部属很大的面子了。总经理听完之后不立即亲自去处理,让部属的直接主管有合理解决的机会,便保留了他的面子;处置欠妥当,找这位直接主管的顶头上司去处理,也就是给他面子,否则自行处置,夹在中间的顶头上司,岂非难为情?

要则

1. 有些人害怕"面子"会带来许多管理上的困难,其实面子是摆脱不掉的,不如给大家面子,让大家都有把事情做好的机会。总经理躬亲处置,每一阶层的主管都没有面子;牺牲大家的面子,只成全了总经理一个人的面子,划得来吗?是不是很难讲?

2. 中国社会,听话不听话都可能挨骂。因为听话不一定好,也不一定不好。不听话也是一样,是一种相当不容易摆脱的两难状态。我们最好在听话和不听话之间，用心找出一个合理点，也就是应该听话的时候才听，不应该听话的时候，就不能听。

3.层层节制，是不变的原则，但是越级报告，以及越级指挥，则是应变的权宜措施，只要合乎原则，当然可以持经达变，以求合理地因时、因地、因人、因事而制宜。

招不招都不行

个案：

某工厂招募作业人员，费尽九牛二虎之力，仍然不能募足预期的人数。

有人建议改用比较民主、可亲的字眼，说是"诚征工作伙伴"，结果并没有更大的进展。

请教甲顾问，答案是："这种情况相当普遍，不是我们工厂特有的现象。因为年轻人走向股票市场,无心来应征。"

询问乙顾问,诊断的结果是:"员工要辞职,主管批准得太快,来不及补充,才形成较大的缺额。"

丙顾问则认为:"未来发展的趋势,以服务业为优先。生产工厂招人,会愈来愈困难。"

至于补救的办法,甲顾问指责社会风气不能及时设法导正,政府难辞其咎。既然本地工人难招,不如到外地寻觅合适的地点,另谋生存之道。

乙顾问坚持改善主管的领导方式,不要"工作导向",什么事情都是"公事公办";应该"关怀导向",让员工觉得相当具有人情味,用"留心"来"留人"。

丙顾问建议既然未来的趋势已经十分明显,生产事业就应该及早觉悟,有多少人,就用这些人来把工作做好。换句话说,顺势精减人员,恐怕是唯一可行的途径。

请问：

1. 社会上失业的人很多，但是公司、工厂想要招人，却常常发现所要的人不知道跑到哪里去了，这是什么道理？

2. 追求社会风气败坏的责任，能够解决工厂招不到人的问题吗？

3. 甲顾问的意见，能够解决问题吗？

4. 乙顾问的看法，高见如何？

5. 丙顾问的看法，是不是合理？

分析：

1. 工厂招不到人，是活生生的事实。投入的求才广告费用和招来的人数根本不成比例。许多人都觉得讶异："人跑到哪里去了？"

首先被指责的是股票市场。大家认为股票市场投机的风气过分炽热，使许多人丧失工作意愿。持相反意见的人，往往一开口便是"时代在变，潮流在变，而环境也在变"，人人恶勤劳、重安逸，并不能怪股票市场，却应该由"国民高所得"来承担。

社会上有了这些恶勤劳、重安逸的人，由于工作意愿低落，对于某些需要找工作的人，反而是一种福音，因为竞争者减少，而机会显著增加。

大家所说的，其实都是"部分道理"。真正令人担忧的，恐怕是"一旦视实实在在工作赚钱为不合算"的心态逐渐普及，那么，产业空洞化的负面影响，便不是任何预期的"比较利益"所能够补救的。

大家把社会风气的责任推给政府，也是"避重就轻"的一种表现。骂"学校"教育失败，立即有"一群教师"走出来教训一番。责备"家庭"教育丧失应有的功能，家长也会苦笑"身处这样的大环境，有这么一大堆专家在倡导，教我如何不妥协？"只好大家一同把责任推给"不代表任何人"的政府，最为简便而安全。

2. 追究社会风气的责任，无法解决工厂自身招不到人的困难。再说，就算政府设法打压股价，这些从股票市场回头的人，工厂欢迎吗？而且，大多数"尝到甜头"又自认有门路、有名牌的人，大概会"积重难返"吧!

3.接受甲顾问的意见,到国外投资。相信很多人都已经动过脑筋,甚至有所行动了。但是中国人再"坏",试来试去,毕竟和中国人在一起,比较热闹,也比较熟悉。就算"骗来骗去",总比"人地生疏",赚再多的钱亦有如"锦衣夜行"来得好。中国人的适应能力很强,只要有心挨下去,必然有办法解决。

4.乙顾问的看法十分切合实际,工人难招的时候,留人比招人更要紧。留人必先留心,所以改变主管的领导方式,让大家很有面子地留下来,便需要"攻心为上",采用"关怀导向"的领导。任何员工有辞职的念头,主管一定要尽力加以挽留。这不是留住什么人的问题,而是"留给大家看",使大家明白"真的是一家人,不可以随便说离职就离职",因而打消或减低辞职的想法。

当然,"留给大家看"之后,还需要有一些实际动作,诸如改善工作环境、提高工作待遇等,以资配合。如果留下来的人,觉得不吃亏,不后悔,才是真正的"有效留住大家的心"。

领导是一种智慧性的学问,不是几则条文或者几个定律就能够奏效的。主管要改变领导方式,必须首先改变某些观念。把"招工人是公司的事,与我无关",变成"招工人原本就是我自己的事",因为"万一招不到人,我的工作就会产生困难,甚至连主管都当不成"。

主管认为公司应该招人,就会不费心、不费力地随意批准员工离职。主管了解"有部属才有主管的存在",便会珍惜现有的员工,时常加以关心,并且自动照顾他们,使部属安心工作,自然减少见异思迁的概率。

5. 真正要紧的,还是丙顾问的一番话。服务业抬头,年轻人宁愿端盘子、擦桌子,也不希望弄得手黑脚黑,到工厂做工。

必须劳力密集的产业,确实无法精减人员,只好忍痛迁出本地区,另觅人工比较便宜的地点,以谋生存与发展。有些人抱着"要走,也要最后一个走"的理念,千方百计地支撑下去,勇气十分可嘉。不过最好不要过分勉强，因为长痛不如短痛，拖下去大家吃亏。

有办法精减人员的生产事业，应该加快机械化、自动化的脚步，以取代人工。依据帕金森法则，人多半会寻找理由，来扩增自己部门的人员。管辖的人越多，至少表示自己越有办法。希望主管自动削减人员，实在非常困难。公司拟定政策，采用高压的手段，迫使各部门减人，有时也会造成大家的不满。

要精减人员，必须做好前期沟通的工作。单凭"人难招"的理由，就要主管自动少用人，实在缺乏说服力，不足以令主管或其他部属产生共鸣。"公司招不到人，证明有若干缺失，并不是没有人，而是大家不愿意来"的流言，会造成严重的伤害。

◦说明◦

我们必须建立一个观念，那就是"这是高薪资、高效率"的时代，大家希望获得高薪资，便应该用高效率来争取。怎么表现高效率？最具体的办法,便是精减人员。原本三个人才做的工作,现在一个人就做得同样好,甚至比原来还要好,这就是高效率的铁证。

人愈少,愈有机会磨炼成为精明能干的人。但是,我们不可以要求公司派给我精明能干的人,却应该设法"把平凡的人磨炼成精明能干的人"。

常听大家说,公司要有一套培育人才的计划。如今正好派上用场,让大家一起来,把越来越少的员工,培育成为越来越精明能干的员工。

一方面培育人才,另一方面提高留任的兴趣和信心。公司必须在"人员的薪资和福利"与"机械化、自动化的设备和运用"双方面同时有所增进,才能够把"我们"和"公司"这两个观念密切地联结起来,成为"我们的公司",产生坚强的"共同"意识,进而愿意"同甘共苦"。

刚开始的时候,有些人会叫苦连天,而且经常埋怨,或者坚决地抗拒。公司的主持人必须征得所有高阶主管的一致体认与支持,同时分别在不同的部门宣示公司的政策,使大家意识到这一政策的

"一致性"与"无可变更性"。只要各级主管充分了解各部门一致精减,而且不可能"5分钟热度,很快又松懈下来",大家就会"各显神通",把精减人员的政策贯彻执行。

主管依据政策的需要,与部属切实沟通,希望"大家不要拼命,用三个人的力气做五个人的工作"。应该"尽可能地减少工作量",看看"有哪些工作可以省略或简化的",可不可以"重新调整工作顺序,来减少往返或重复的浪费",试试"能不能把一些工作交给机械去做"。大家为了活命,只能够"留下最必要的业务",运用最有效的方法,在最简短的时间内,把它做好。

要则

1. 把发牢骚、埋怨、生闷气的时间和气力挪出来,用在建设性的事务上。将自吹自擂、贬压同人的心态改变成"我很卖力,大家也都很卖力"的念头,才能够"既精减人员,又逐

> 步增进"地推展业务,提升业绩。
>
> 2. 公司有多少人,就要真正发挥这些人的潜力,要达成这一个目标,先决条件是,公司正派经营、产品适合市场的需要、销售通路健全。
>
> 3. 在精减的过程中,主管要负起及时指导与及时调整的责任。主管的指导能力与沟通能力,将是企业能否顺利转型的关键。

罚不罚都有理

个案:

公司规定,上班时间不得阅读报章杂志,否则应予议处。这项规定,由人事部门通报公司所有部门,自2月1日起实施。

王经理把规定转告所属人员,希望大家一体遵行,发挥法治的精神。不久,他发现平日表现良好的某甲,竟然上班时间翻阅杂志。王经理非常失望,也很生气,便气冲冲地走到某甲面前,不客气地说:"想不到你平日表现得那么好,居然也不遵守规定!我真不懂,为什么有的人就是不能够守法?"

某甲受责,并没有反辩,也没有和王经理发生争吵,他默默地把杂志收起来,两天后提出辞呈,弄得总经理相当不满,认为王经理的处置"对是对,但是很不圆满"。

李经理同样把规定让部门内的同人传阅,并且口头表示大家一起来养成良好习惯。有一天,他发现部门内最优秀的人员某乙,也在上班时间内看杂志。李经理心想这么优秀的部属,怎么可以给他难堪?就算他不至于一气之下辞职他去,如果因而心里不平,从此不再卖力,只维持60分的及格表现,那还不是部门的损失,甚至可以说是公司的不幸。于是睁一只眼,闭一只眼,当作没有看到,就过去了。

这样的处置，给部门同人带来不平的气氛。不依规定议处，规定有什么用？如果执行不力，规定再清楚，又有何用？大家背后议论纷纷，终于传到总经理的耳朵里，令他十分不高兴，认为李经理不认真执行公司规定，实在有愧职守，至少也是未能善尽职责。

张经理的作风和王经理、李经理都不相同，他对每位部属有不同的处理方式，但是始终坚持"依照规定办理"的原则。有一次，部门内最优秀的助手某丙，违反规定在看杂志，他灵机一动，从自己抽屉里拿出一本杂志，若无其事地走到某丙面前，说："这本杂志有一篇文章，很值得好好看！"然后顺手拿起某丙所看的杂志，两本卷成一卷："我看你干脆把两本都带回家去，免得人家以为你在上班时间看杂志。"某丙欣然接受，仍旧十分热心于工作，表现得如同往日那般优异。

另外一次，张经理发现某丁悄悄地看杂志。他深知某丁经常否认事实，并且擅长恶人先告状，因此请坐在隔壁的某戊过去看看某丁究竟在做些什么，然后在某戊的证明之下签请处罚某丁。

对于既非最好也不是很坏的同人，张经理通常采取先警告后处罚的方式，务期受到违规处置的部属，不至于怀恨在心。若有怨气，也会事后加以安抚，使其知过而改。

请问：

1. 主管对待部属，应不应该一视同仁？为什么？
2. 如何因应部属之间的个别差异？
3. 对于某甲、某乙、某丙这些平日表现十分优异的员工，最好如何处置他们的违规行为？
4. 王经理依照规定办理，却逼走了某甲，高见如何？
5. 对于张经理的作风，高见如何？

分析：

1. 主管对待部属应不应该"一视同仁"？这个问题看似单纯，其实不然。

道理如果都那么容易论断，明智与昏愚便没有太大的区别了。中国人则老早就明白"一个巴掌拍不响"的道理,一切行为都牢牢把握着阴阳两极的反 S 曲线。我们既不否定"一视同仁"的重要性,也不肯定"一视同仁"的普遍性。换句话说,主管对部属,当然不可以不一视同仁,却也不可以一直保持一视同仁。

主管初来乍到,对部属并不了解,当然应该一视同仁,才显得没有私心。但是领导了半年、一年,依然一视同仁,对所有部属都同等看待,不是根本不用心,便是不分好歹,没有是非。

2. 部属之间,一定有其个别差异。表现好的、表现平平的以及表现不好的部属,主管一视同仁,合理吗?符合激励原则吗?这样的主管用心了解部属吗?分得清楚谁好谁坏吗?

然而,主管依据自己的了解,对所属同人采取不同的态度,合理吗?公平吗?如果看错了怎么办?难怪有些部属被上司误解得永难超生。

可见主管了解部属,不可以单凭主观,应该尽量客观地给予多次的评鉴,透过经常沟通,力求公正。并且不可以一判定终生,印象不好的部属,也可能变好，所以必须时常调整自己的观感。

在这种公正的前提下，主管遇事尽量站在"一视同仁"的立场，分出轻重，给予不一视同仁的处置，便是反 S 形的曲线行为。

3. 某甲、某乙、某丙都是十分优秀的人员，却由于自己平时表现相当良好，一方面存有"谅上司也不至于过分使我难堪"的心理，一方面抱持"我倒要试一试，在上司心目中的分量有多重"的心态，有意无意地产生"特权"倾向。事实上，表现平平或者不良的部属，除非存心挑衅，否则便会特别守规矩，因为他们心里都有个数，上司是不会轻易放过他们的。

这些平日表现良好的部属，一旦违规，主管马上照章处置，毫不通融，固然是执法甚严。但是，如此做是不是会让员工心寒，心想："平常表现得那么好，稍微不依规定，就要照罚，表现好又有何用？"他并不了解这是两码事，根本不可以摆在一起。

可是，不依照规定，大家服不服？这时同人的反应刚好相反:"平日表现良好,那是一回事,而且已经好处占尽了。现在明显违反规定,居然不予处罚,简直是宠爱特权分子。"

4. 王经理依照规定议处,逼走了某甲,结果引起总经理对他的不满。如果总经理坚持挽留某甲,甚至变更对某甲的处罚,请问王经理何以自处?就算王经理据理力争,总经理干脆开会讨论,请问王经理能稳操胜券吗?

5. 不依照规定议处,某乙会有何反应?会不会因此养成目无法纪的坏习惯?他原本只想试一试自己的分量,想不到违规主管也不处置,得寸进尺,终至成为公司里最令人伤脑筋的特殊人物,那又是谁的罪过?总经理为此对李经理很不高兴,可见他是讲是非的,并不是一味袒护部属,存心和一级主管过不去。

中国人对于同一规定,往往采取不同的执行方式,这种说法并不排除采取同一方式的可能性。因为我们的阴阳文化,阴中有阳,阳中也有阴,亦即相对之中含有绝对。举凡情节重大、影响深远的事件，我们大多不敢随便在执行上有所偏差。至于一般规定，或者有得讲道理的事项，就担保不了什么统一的标准。衡诸交通违规，即可印证。

· 说明 ·

就纯正中国观点而言，李经理的乡愿作风显然是不对的。许多人不明白"情"的真谛，认为放对方一马比较有人情味，这正是孔子最痛恶的乡愿念头。许多人受"情"之累，根本原因还是自己拿捏不准"情"的尺度。

中国人喜欢有原则而又能够坚持的人，张经理始终坚持"依照规定办理"的原则，才是担当主管的正道。任何主管，如果不能坚持原则，便已失去应守的本分，算不上好主管。但是，坚持原则而招来怨恨，不仅对自己不利，而且对公司无益。所以我们必须在"坚持原则"之前，加上"广结善缘"，亦即"以广结善缘来坚持原则"，许多主管不是过刚，便是过柔，关键就在不能把这两项要素结合起来。

广结善缘由关心部属着手。了解他的个性,明白他的长处和缺点,然后采取适合于他的方式来坚持自己的原则,才能有效而不至制造更多的后遗症。

某丙对公司的贡献很大,对张经理帮忙很多,但是他的违规行为,又不能不设法抑制或改变,权衡轻重,张经理用"免得人家以为你在上班时间看杂志"这一类"功夫话"来兼顾,达成"你说我没有取缔,我取缔了;你说我取缔,我并没有让他难堪"的功效。当然,这不是唯一的方式,中国人喜欢变来变去,更喜欢自己有一套,所以这绝对不是标准方式。

实际上,某丙在上班时间看杂志,已经构成违规的事实,张经理却大声以"免得人家以为你在上班时间看杂志"来为他洗刷违规的存在,这是中国人常用的方法,相信大家都有充分的经验,来体认这一类的管理行为。

看来中国人说"依照规定办理"的时候,已经含有"不依照规定办理"的成分在内。但是,如果有人提出责问,任何主管都不会承认他不依照规定,他绝对不是强辩,而是他有充分的理由:原则不变,方式可变!

在企业界,有太多如此的例证,同一公司的同一规定,各部门的执行方式殊不一致,甚至同一部门,不同单位主管的做法也不相同。个案所规定的事项,我们就发现有的主管采取"公法私了"的方式:主管察觉部属上班看杂志,仅在单位内做成记录,并不向上呈报。主管私底下和部属达成协议,用增加业绩来抵消违规,这样大家都好。

要则

1. 中国人常常无事就无事,一有事便牵连一大堆,造成到处存在着这样不好、那样也不行的可资争论的后果。但是,谁的神通广大,足以改变这种作风呢?再深一层想,这种两难的困境,才足以把中国人磨炼得更成熟。最好把握时机,多多在职场中学习。

2. 对中国人来说，部属犯错的时候，罚不罚并不是我们所关心的问题。我们通常比较在乎怎么罚。因为罚得合理最要紧。掌握怎么罚的要领，就不需要研讨罚或不罚的问题。

3. 罚有罚的理由，不罚也有不罚的理由。因为在中国社会，道理大多相对：这样说也有理，那样说也有理。管理者应该以不变应万变，持经达变地有所罚也有所不罚，以求合理。

结语

中国人的包装哲学

"我十分尊重制度,这样变更,完全是为了整体的利益。"这种冠冕堂皇的话,谁都会讲。但是真相如何,实在"很难讲",可能是真的,也可能是假的。

有人赞成,替他说好话:"虽然略有改变,不过,这是不得已的。不做一些变更,根本办不通。"

有人反对,批评他:"明明是假公济

私,还要强辩?"

中国人深受阴阳文化的影响,认为所有事情无非"真中有假,假中有真",而且"是中有非,非中有是",以致纯粹从"现象"看,很难分辨一个中国人的言行究竟是真是假,抑或是实是虚。因为"一个因,可能产生两种果"。

孔子主张"听其言,观其行",实在是告诫我们,不可以从表面上去了解一个人,应该探究他内在的实质意义。言行一致的人,比较合乎"表里合一"的原则。他的言行,可能是真的,需要进一步去追踪,才能证实。

为什么这样麻烦呢?原因是中国人有一套奇特的包装哲学,能够把不同的东西,包装成一模一样。

我们一直高呼"防人之心不可无",便是由于中国人的这一套包装功夫,相当高明。

中国人主张随机应变,却反对投机取巧。但是,"随机应变"和"投机取巧"似乎是孪生兄弟,外表长得完全一样,很不容易辨别。

任何人的权变行为，如果把它当作随机应变，信手拈来，便可以说出一大堆理由，使人不得不信。若是把它视为投机取巧，也能够左采右撷，聚集一大把理由，使人信以为真。中国人的事情之所以常常很难说清楚，恐怕这是一大缘由。

中国人很会拿这种"模糊不清"的包装，把所有"投机取巧"的行为，都包装成"随机应变"的模样，以求合理化而"自我安慰"。这种自己骗自己的方式，如果"暂时骗一下"，很快就会养成习惯，甚至"用骗自己的方式来骗别人"，配合中国人不喜欢当面揭穿骗局的修养，一路骗自己又骗别人，乐此不疲。

对自己的行为，不论是随机应变还是投机取巧，一律包装成随机应变。万一被识破，便大喊"倒霉"。

对别人的行为，则因为自己最了解自己骗自己也骗别人的心态，因而一律视为投机取巧。

一种包装，两种视觉效果。这是我们吵吵闹闹，很难达成共识的主要障碍。

其实,"随机应变"和"投机取巧"并不是真的那么难以分辨。同样是"变更",如果"变来变去,不离开根本",便是随机应变;若是"变来变去,连根本都变掉了",就是投机取巧。表面上看,同样是变来变去。实质上看,一是不离根本,一是偏离或舍弃根本,全然不同。从外表上观察,中国人的行为"差不多"相同。而实际分析起来,差不多的结果,就会变成差很多,所以说"差之毫厘,谬以千里"。

要破解中国人这一套包装功夫,最好的办法,就是孔子所说的"直",也就是中国人最喜欢自夸的"正直"。孔子指出"人之生也,直",表明一个人的生存之道,便是"正直"。如果不正直而居然能够生存,那可以说是侥幸的。君子心里坦然宽广,就是不论你怎样包装,我都以正直的心态来对待。

今天我们口口声声"不要让你的权利睡着了",弄得怨气四起,到处不安,是不是不顺道而行呢?对中国人而言"不要让你的责任忘掉了",恐怕是更贴切的呼声。中国人有中国人的道,说一些合乎中国人之道的话,做一些合乎中国人之道的事情,才能够对中国人产生一些实质的作用,带来一些实际的效果。

"直"不是"有话直说",而是"应该说的,要说得有效;不应该说的,暂时不必说"。凡是有害于"正直"的话,何必要说?什么话都说,叫作"口无遮拦",实际上谁都害怕。

了解中国人的行为,明白中国式的因应方式,顺着中国人的道理而调节自己的言行,不论别人如何包装,都将无所遁形,自己也将不忧不惧了。